오야츠잡화점이
만든 작은 기적

작은 매장 시작하기 그리고 유지하기

도노이케 미키 지음
이음연구소 옮김

ZAKKATEN OYATSU E YOUKOSO
by MIKI TONOIKE
© MIKI TONOIKE 2017, Printed in Japan
Korean translation copyright © 2019 by Amunhaksa
First published in Japan by Nishinihon Publisher Co Ltd.
Korean translation rights arranged with Nishinihon Publisher Co Ltd.
through Imprima Korea Agency.

오야츠잡화점이
만든 작은 기적

작은 매장 시작하기 그리고 유지하기

도노이케 미키 지음
이음연구소 옮김

어문학사

일러두기

○ 본문의 모든 각주는 옮긴이의 것이다.

들어서며

아이가 뱃속에 있을 때 온라인 쇼핑몰은 아이를 키우면서도 운영할 수 있지 않을까라는 가벼운 마음으로 수제품을 취급하는 매장을 열었던 것이 2007년의 일이었다.

그러나 아이가 있는 생활이라는 것은 당초 상상했던 것과는 전혀 달랐고 생각대로 되는 일이 거의 없는 날들의 연속이었다.

그토록 하고 싶었고 열망했던 일이었지만, 출산 후 나의 머릿속은 3시간마다 수유해야 한다는 생각으로 가득 차서 일을 하고 싶다는 생각은 전혀 들지 않게 되었다.

기저귀를 가는 것으로 하루가 시작되었고 기저귀를 가는 것으로 하루가 마무리되는 날이 계속 이어졌다. 그러자, 무언지 알 수 없는 이유로 괜히 조급해지거나 세상으로부터 나만 뒤처지는 것이 아닌가 하는 기분이 들 때도 있었다. 일이 잘 풀리지 않은 때가 계속되면서 가정과 일 모두에서 문제가 발생하였다.

육아만으로도 힘든 상황에서 처음 운영해보는 온라인 쇼핑몰은 좌절의 연속이었다. 접속자 수가 제로에서 시작하여, 매출은 고사하고 우선 사람들이 알고 보기 시작하게 될 때까지도 상당한 시간이 걸렸다.

어느덧 시일이 꽤 지난 지금은 오프라인매장도 오픈하였고 내가 태어나고 자란 교토, 한큐선역 근처에 자리 잡고 있다.

'이런 곳에 잡화점이 있다니!' 누구나가 깜짝 놀랄 정도로 거리에서 안쪽으로 들어간 곳에 전국의 크리에이터 제품이 판매되는 매장이 자리하고 있다.

전혀 사람의 왕래가 없을 것 같은 거리에 매장을 차렸기 때문에 매일 매장을 열 때 마다 이런 곳까지 손님이 와 줄까? 라는 생각만으로 가슴이 두근두근하곤 했었다.

매장 유지를 위해 여러 가지 일을 해보면서 깨달은 것은, 일과 가정 그리고 살아가는데 필요한 모든 것을 혼자서 조화롭게 관리해 나가기 위해서는 그 나름의 비결이 필요하다는 것이었다.

일과 육아, 실제로는 공통점이 많아 서로 응용할 수 있는 부분이 많았었다. 아이가 9살이 된 지금도 아이가 크면서 환경도 변화하고 사회상황도 많이 변했기 때문에 지금도 작은 시행착오는 이어지고 있지만 매 순간 자신이 성장함을 느낀다.

'이번에는 이렇게 해 볼까?

'이렇게 하면 더 잘 될 것 같은데…'

'다음엔 다르게 한번 해 보자!'

작은 매장의 역할이 잡화를 판매하는 것에 그치지 않고 아이, 지역 그리고 사회에게는 어떤 의미일까?, 보다 넓은 시야로 매장을 바라볼 수 있게 된 것은 순전히 아이 덕분이었다.

지금은

'이렇게 하면 손님이 좀 더 기뻐하지 않을까?

아이도 조언해 주면서 나를 응원해 주고 있다.

'고마워! 엄마 힘낼게!!'

응원을 받게 되면 왠지 힘이 생기는 것 같다!

사람과 물건과 따뜻한 마음이 모이는 「매장」이라는 이름의 장소.

지역사회에 뿌리를 내리고 매장과 아이와 자신을 만들어가는 행복감이 독자 여러분에게도 전달되기를 기대해 본다.

목차

들어가기

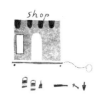

제 1 장

온라인 쇼핑몰을
열다

제1장 온라인 쇼핑몰을 열다

처음부터 온라인 쇼핑몰을 시작한 것은 아니다. 아이를 가졌을 때 블로그를 개설하고 하루하루의 일상을 적어 나간 것이 매장 만들기의 시작이었다.

잡화점을 시작하기 위해 블로그를 만드는 것은 흔한 일이다. 시간이나 장소에 연연하지 않아도 되고 내부 인테리어 비용이나 월세, 보증금 같은 큰 액수의 초기비용도 들지 않는다. 하지만 마음먹고 하면 오프라인매장 이상의 매출도 기대할 수 있다. 작업은 집에서도 할 수 있기 때문에 아이가 있어도 가능하다.

아이가 생기기 전에는 친구와 오사카 시내에 있는 잡화점을 함께 경영했다. 계속 하고 싶었지만 갓난아이를 안고 1시간 20분 정도의 출퇴근을 한다는 것은 애당초 무리였다.

자영업자에게는 출산휴가가 없다. 공동경영을 지속하려면 친구에게 부담을 줄 수밖에 없었고, 지금과 같은 형태의 영업은 불가능할 것이라는 사실은 어렵지 않게 상상할 수 있었다. 매장을 그만 두는 것은 무척이나 아쉬웠지만 공동경영을 포기하고 자신의 방식과 처한 상황에 맞추어서 해나가는 것이 현명할 것 같았다. 집에서도 할 수 있는 온라인 쇼핑몰은 그 때 떠오른 가장 현실적인 선택지였다.

생활공간의 한쪽에 일 할 장소를 마련하고 출산 3개월 전, 그나마 움직이기 편할 때 프리오픈(Pre-Open)까지는 해보자고 결심했다.

그리고 내가 혼자서 하는 매장은 어떤 매장이 될지를 생각하면서 조금씩 이미지를 만들어 나갔다.

1.1 매장의 컨셉을 만든다

이미지 넓혀가기

매장 만들기는 이미지를 넓혀가는 것에서부터 시작한다. 그 과정이 무척 즐겁다. 좋아하는 인테리어나 일러스트, 잡지 기사를 오려두거나 맘에 드는 사이트를 즐겨찾기에 설정해 두는 등 평소 접하는 것들 중에서 마음에 드는 것들을 모아 정리해둔다. 나중에 보면 모아둔 사진들에서 공통점을 발견할 수 있어서 재미있다.

특히 내 마음에 들었던 것은 일러스트레이터 이시다씨의 그림이다.

그녀의 그림은 항상 나를 기쁘게 하고 두근거리게 한다. 방에 있는 책장을 바라본다. 어떤 책이 있을까? 좋아하는 색, 좋아하는 단어, 그동안 사 모은 책들을 보면 내가 어떤 사람인지 알게 된다.

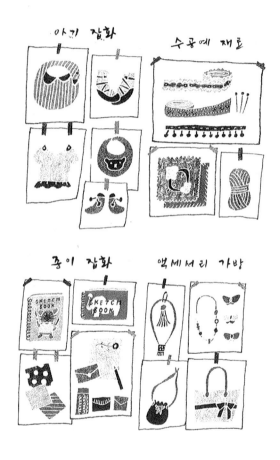

잡화 및 인터넷에서 모은 사진을 아이템별로 붙인다.
전체를 보면 자신의 취향을 자연스럽게 알게 된다.

어떤 원단을 좋아하니? 내추럴한 통기성 좋은 린넨 소재? 아니면 살짝 비치는 오건디?[1]

　내가 좋아하는 것이 어떤 것인지를 알고, 막연히 머릿속에서 흐트러져 있던 생각들을 구체적으로 눈으로 볼 수 있게 정리해 나가다 보면 앞으로 어떤 상품을 취급하고 싶은지, 어떤 분위기로 하고 싶은 지가 보이기 시작하고, 그러한 이미지가 바로 매장의 바탕이 된다.

　모은 사진들은 다른 사람이 봐도 알 수 있도록 정리해서 1장의 종이에 붙여놓으면 더욱 효과적이다.

단어 모으기

　아이디어를 확장시킬 때 도움이 되는 것이 바로 사전이다. 내 마음속의 안테나 끝에 어떤 단어가 걸려있는지, 두근두근하며 사전을 펼친다. 사전에는 글자만 있고 그림 같은 이미지적인 요소는 없지만 반대로 이것이 독창적인 이미지를 생각해 내도록 하는 데에는 효과적이라고 생각한다.

- 교토
- 마음
- 어린이
- 생활
- 편지

---

[1] 매우 얇은 피륙으로 가볍고 투명해 보이는 빳빳한 촉감으로 마무리된 면이나 폴리에스테르의 직물

오프라인매장을 운영하는 지금도 아이디어를 모으거나 기분전환을 하고 싶을 때 가는 카페가 있다. 자리에 앉으면 눈앞에 나무들이 늘어서 있고, 자유롭게 책을 읽을 수도 있다.

나는 책을 읽지는 않고 그 제목들만 먼저 훑어보고는 이벤트의 기획 내용을 생각한다.

책의 제목들은 그 내용이 응축되어 있어서 도움이 되는 단어들이 많다. 모은 단어들로부터 내가 중요하다고 생각하는 것을 알게 되기 때문에 매장 이름이나 컨셉을 정할 때 도움이 될 뿐만 아니라, 매장을 운영하는 과정에서도 큰 도움이 된다.

매장 계획 세우기

이미지를 넓힌 다음 모아둔 사진이나 단어를 통해 핵심 컨셉을 정리한다. 컨셉이라고 하면 조금 어렵게 느껴질 수 있지만 이것은 공상 속에서가 아니라 현실적인 시점에서 매장을 어떤 스타일로 만들어갈 지를 생각하는 것이다.

컨셉을 포함한 사업계획은 6W 2H를 생각하며 정리하면 된다. 사업계획서가 있으면 자신이 앞으로 해나갈 내용을 타인에게도 전할 수 있고, 가족의 이해를 구할 때나 오프라인매장이 없는 상태에서 적당한 매장 매물을 찾을 때 및 상품을 구매할 때 매우 유용하다.

- 어떤 상품을 판매할 것인가? – What
- 왜 매장을 경영하는가? – Why
- 어디에 매장을 열 것인가? – Where

- 어떤 손님을 타겟으로 삼을 것인가? – Whom
- 언제, 어떤 시점에서 시작할 것인가? – When
- 누가 운영하는가?, 혼자인지 도와줄 사람이 있는가? – Who
- 어떻게 상품을 제공할 것인가?(구입처 등 구체적인 운영방법)
  – How to
- 매장 월세나 매출목표, 운영경비 등은 어느 정도 소요될 것인가?
  – How much

  가장 중요한 것은, '왜 나는 이것을 하려고 하는 것인가?' 에 대한 자신만의 물음이다.

  나의 경우, 처음엔 어쩌다 보니 온라인 쇼핑몰을 시작했지만 나중에는 '지인 및 도움을 받은 사람에게 줄 선물을 해야할 때 요긴하면 좋겠다.'는 식으로 컨셉을 잡았다.

  매장을 운영하다 보면, 생각대로 안 풀리는 경우도 많다. 스스로 힘들다는 생각이 들 때면 이 물음에 대한 대답이 위로가 될 것이라 생각한다.

매장 이름 생각하기

  매장 이름을 생각할 때에도 사전을 활용했다. 사전의 첫 장부터 순서대로 보다가 몇 장 넘기지 않아 손이 멈췄다.

  「오야츠おやつ (간식 - 주전부리를 뜻하는 일본어)」 음… 괜찮은데…

  어른의 간식시간이라고 한다면 그건 무엇을 뜻하는 것일까? 분명 그건 마음의 휴식을 위한 것이다.

한숨 돌릴 수 있는 시간. '오늘은 그 간식을 먹어야지' 하는 생각을 하며 빙긋 미소 짓게 되는 느낌.

'내가 취급하는 상품들도 그런 것들이겠지'

분명 주식이 아닌 간식 같은 잡화. 매장 이름은 허무할 정도로 금방 정해졌다. 매장 이름은 듣는 것만으로도 손님들이 매장의 이미지를 떠올릴 수 있는 것이 가장 좋다. '오야츠' 라는 단어를 들으면 달고 맛있고 기분이 좋다. 그리고 친근한 이미지들이 전달해지지 않을까? 나의 경우에는 이에 더해 남녀노소가 기억하기 쉽고 친근한 이름이었으며 좋겠다고 생각해서 '오야츠' 로 매장 이름을 결정했다.

"왜 오야츠라고 지으셨어요?"

손님들이 가장 많이 묻는 질문이다. 이유를 설명하면

"아하!"

모두가 싱긋 웃으며 납득하는 경우가 많다. 정말 간식을 파는 매장으로 착각하고 오시는 분들도 가끔 있긴 하지만 말이다. 잡화점? 오야츠? 조금 헷갈리는 이름일지도 모르겠다.

로고 만들기

일러스트레이터 이시다씨에게 원하는 이미지를 전하고, 손그림 느낌이 나는 여유로운 분위기의 「오야츠おやつ」의 로고를 부탁했다.

"아… 저기… 이시다 선생님의 그림을 정말 좋아해서요, 예전부터 쭉 마음에 들었어요, 언젠가 제 매장을 가지게 되면 꼭 부탁드리고 싶다고 생각했었어요."

그녀에게 일을 의뢰한 순간은 마치 좋아하는 사람에게 고백하는 것처럼 가슴이 두근거렸다.

완성된 히라가나 로고「오야츠おやつ」는 포근한 느낌이 드는 귀여운 로고였지만 히라가나만으로는 진짜 간식을 파는 곳으로 착각하지 않을까? 라는 생각에 이유를 설명하고「오야츠」와의 밸런스를 맞추며「잡화점」이라는 한자를 추가로 요청했다.

『오야츠 잡화점!』 드디어 내 매장이 생긴다!

너무 기뻐서 로고와 일러스트를 보고 또 보았다. 듣는 것만으로도 손님이 어떤 매장인지 알 수 있는 매장 이름. 그 매장 이름을 시각화한 것이 로고이다.

로고 하나만으로도 매장의 분위기가 가벼워지거나 무거워질 수 있고, 지적으로 보일 수도, 소박해 보일 수도 있다.

어떤 로고가 좋을지 포탈사이트에서 검색 해보면 도움이 된다. 길을 걸으며 매장들을 보는 것도 좋지만 인터넷으로도 충분히 찾아볼 수 있다. 카페나 잡화점들이 어떤 로고를 사용하고 있는지 꼼꼼히 살펴보자. 이것 역시 단어를 모으는 것처럼 로고를 저축하자.

오야츠
잡화점

간식파는곳이 아니라,
물건을 파는 잡화점이에요.

1.2 전달을 위한 도구를 준비한다

블로그 시작하기

매장 이름이나 이미지가 대략 정해졌다면 이제부터는 그것을 널리 알려야 한다. 나는 블로그를 적극 활용했다. 지금도 무료로 사용할 수 있는 블로그를 개설하여 오야츠잡화점의 정보공유 도구로 사용하고 있다.

블로그 개설에 필요한 시간은 5분 정도. 그리고 매일 새로운 내용을 업로드 한다.

몇 명이 접속하고 읽었는지 알 수 있기 때문에 처음에는 접속자 수가 10명 정도에 그쳤지만 시간이 지날수록 조금씩 늘어나기 시작했다.

'300명이나 접속했네!' 하고 더욱 힘을 내게 된다. 이런 종류의 도구로는 페이스북이나 트위터, 인스타그램 어떤 것도 상관없다. 하기 쉬운 것부터 시작해서 계속 업로드 해 나가는 것이 중요하다. 내용을 작성하는 시간도 예를 들어 15분 정도로 정해두고 하는 것이 좋다. 자신의 취미 및 느낌을 전달하고 자신과 비슷한 사람들과의 연결고리를 찾아 거기서부터 넓혀 나간다.

'일단 홈페이지를 열어야지!' 라고 생각할 수도 있지만 처음에는 무료이고 업로드하기 간편한 서비스로도 충분하다.

명함 만들기

명함은 구매처나 거래처를 방문할 때 그리고 처음 만나는 사람과 인사할 때 반드시 필요하다.

내 이름의 경우 한자로 쓰면 읽기가 어려워서 한눈에 기억되기 쉽도록 가타카나로 표기했다.

또, 받은 명함을 나중에 보고 '누구였지, 언제 받은 거지?' 하고 잘 기억 못하는 경우가 있어서 주소나 전화번호 외에도 '지금까지 뭘 해왔고, 무엇을 좋아하고, 무엇을 소중히 생각하는지'가 전해질 수 있도록 문구를 추가했다.

앞으로 잡화점을 열 계획이라면 '곧 잡화점을 엽니다.'라는 표현을 덧붙이면 좋다. 물건을 제작하는 사람인 경우에는 '가방 디자이너'라든지 '일러스트레이터' 등 알기 쉽게 설명하여 상대방이 필요한 때에 쉽게 기억나게 할 수 있는 명함이 좋은 명함이라고 생각한다.

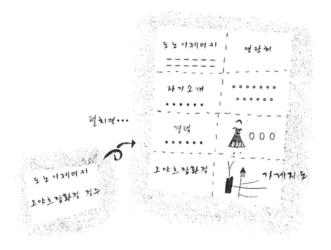

1.3 상품 구성을 갖추다

견본시장이나 도매상에서 상품 찾기

드디어 상품을 실제로 고르고 하나씩 모을 준비를 시작한다. 견본시장이나 도매상에서 상품을 찾는 것이 공급처를 효율적으로 찾는 방법이다.

도쿄에서 정기적으로 개최되는 전시회에서는 방대한 상품들을 한곳에서 볼 수 있어 최신 동향을 파악할 수 있다.

'도쿄 인터내셔널 기프트쇼' 등의 대형 견본시장의 경우 참가하는 업체가 정해져 있어 사전에 인터넷을 통해 조사하는 것도 도움이 된다. 초대권이 없으면 일반인은 입장이 불가하니 주최자 홈페이지에서 초대장을 받을 수 있도록 미리 신청하는 것도 잊지 말자.

실제로 매장을 운영하고 있지 않아도 앞으로 차릴 매장의 개요와 기획서 등이 있으면 신청이 가능하다.

각 부스에서 일반적인 거래조건은 문의가 가능하니 담당자와 명함을 교환하자. 현장에서 카탈로그를 받거나 나중에 우편으로 받거나 해서 조건이 맞으면 거래가 시작된다.

또한, 도매상에서 찾는 것도 가능하다. 도쿄에서는 아사쿠사바시, 오사카에서는 센바 등 도매상들이 모여 있는 지역이 있다. 바구니만 취급하는 전문도매상이나 수입업자, 원단 도매상 등이 위치해있다. 첫 방문 시에 이름과 주소 등을 적고 간단한 등록을 마치면 도매가로 구입하고 거래할 수 있다.

그 외에도 실제로 잡화를 구매해서 상품에 붙어있는 꼬리표(태그) 등에 기재된 정보를 기초로 제조사의 이름을 알아내서 직접 문의하는 방법도 있다. 나의 경우 마음에 들어 구매한 잡화의 꼬리표는 만약을 위해 버리지 않았다.

수제품 잡화 찾아내기

처음에는 지인의 아는 사람을 소개받거나, 블로그를 통해 '도자기 굽는 사람 모집'을 하는 등, 아이템을 한정하여 제작자를 찾았다.

전국 각지에서 개최되는 수제품 시장이나 제작 페스티발 등을 통해 직접 보고 판단하거나 수제품 제작자가 직접 등록하는 포털사이트 등을 통해 찾는 것도 가능하다.

인터넷을 통해 프로필이나 작품을 공개할 뿐만 아니라 판매가 가능한 경우도 있으니 직접 사서 상품을 확인하는 방법도 가능하다.

단, 제작자가 앞으로 어떤 식으로 활동할 계획인지 등에 대한 자세한 배경은 알지 못하기 때문에 직접 연락해서 확인해보는 것이 좋다.

제작자와의 거래는 제조사의 상품이 마음에 들어 구매하는 것과는 크게 다르다. 사람, 작품, 금액, 작업 속도 및 타이밍 등의 조건이 맞으면 거래를 시작하게 된다.

온라인 쇼핑몰에서 구매하기

매장이나 업자를 대상으로 하는 구매 전용 사이트도 있다. 식품류부터 의류까지 도매가 가능한 많은 제조사나 도매상이 등록되어 있어 서로 조건이 맞으면 바로 거래를 개시할 수 있어 진행속도가 빠르다. 키워드로 검색하면 원하는 아이템을 찾을 수 있다. 조건이나 심사 등이 까다롭지 않고 간단한 등록을 거치면 구매 가능한 품목이 많다.

하지만 누구나 구매할 수 있다는 것은 누구나 팔 수 있고, 그만큼 많은 사람이 파는 상품이라는 뜻이다.

'아니, 이걸 이렇게 싸게 판단 말이야?!' 하고 이미 구매한 상품이 다른 온라인 쇼핑몰에서 팔리고 있는 걸 보고 놀란 적도 있다. 자신이 구매한 상품이 어느 정도의 금액에 팔리고 있는지, 얼마나 많은 업체가 팔고 있는지를 확인하고 나서 구매하는 것이 좋다.

해외에서 찾기

"해외에서 사 오시는 거예요?"

손님이 물어볼 때가 있다.

잡화를 좋아하는 사람들은 해외에서 만든 잡화를 선호하는 경향이 있다.

잡화물건을 좋아하는 사람에게 해외로 물건을 구입하러 간다는 것은 멋진 일 일지도 모른다. 출장가면서 좋아하는 잡화를 사오게 된다면 얼마나 멋진 직업인가! 하지만 내 경우엔 해외 상품은 상사를 통해서 구입하거나 전문 바이어에게 구매를 맡기고 있다. 직접 커뮤니케이션을 할 수 있는 수제품 제작자를 통한 구매를 주로 하고 있으며, 해외 상품 구매량은 아주 적기 때문이다.

해외에서 사들여 장사를 하려면 일정 수준 이상의 물량 구입이 필요하다. 단독으로 많은 양을 수입하는 것 보다는, 일단은 여행간 곳에서 사온 상품을 판매하거나 해외에 있는 친구에게 보내달라고 해서 시험적으로 판매해 보는 것이 좋을 것 같다. 단, 해외에서 보내줄 경우 운송료뿐만 아니라 관세가 부과되고, 정식 수입절차를 밟아야 할 수 있으니 미리 알아보도록 하자.

1.4 상품을 손님에게 전달한다

상품 검사하기

상품이 도착하면 제일 먼저 검품을 한다. 검품은 주문한 상품의 목록과 실제 상품이 일치하는지, 파손된 물건은 없는지를 확인하는 작업이다.

예를 들어 액세서리의 경우 빠지거나 떼어진 부분은 없는지 꼼꼼히 살핀다. 원단 제품이라면 실밥이 풀린 부분은 없는지, 지퍼는 잘 열리고 닫히는지, 그 중에서도 가장 중요한 것은 바늘검사다.

"저기… 말씀 드리기 좀 그런데… 주머니에 바늘이 들어 있었어요."

"네?!!!"

재봉할 때, 제작자가 바늘 빼는 것을 깜박한 경우였다. 판매된 후 손님이 지적해 준 것이다. 손님이 다치지 않아서 천만다행 이었지만…

"바늘 탐지기 그렇게 안 비싸요."

말을 듣고 알아보니 바늘 탐지기도 성능에 따라 싼 것부터 비싼 것까지 다양했다.

그 후에는 의류나 원단 상품의 경우 바늘탐지기로 반드시 확인한다. 시간이 많이 걸리는 것도 아니라서 검품할 때 신속히 처리한다.

상품 관리하기

콩 모양의 '마메즈킨' 이라는 작은 인형이 있다. 마메즈킨을 만든 다카다씨가 쓴 〈마메즈킨 독본〉을 통해 인기를 모은 인형이다. 거의 같은 형태에 미묘하게 다른 디자인이라 일단 각각 다른 이름을 붙여봤는데 사진을 찍은 후에는 구분하기가 어렵다. '이거 사진 찍었던가?'의 무한반복이다.

물품 번호와 함께 촬영

마메즈킨
콩 껍질에서
빼꼼이 얼굴을 드러낸
크기 5cm의 인형.
얼굴은 수작업으로 표현

어느 것이 잘 팔리고 어느 것이 안 팔렸는지 머릿속이 엉망이 되어버렸다. 결국에는 손님한테서

"제가 주문한 상품이 아닌 다른 상품이 왔어요."

연락이 왔다.

"으앗! 결국 큰 일을 저질렀네!"

온라인 쇼핑몰에서는 손님이 직접 계산대로 물건을 가져오는 것이 아니기 때문에 업로드 된 상품과 실제 상품이 다르지 않도록 관리하기 위해서는 자신만의 노하우가 필요하다.

특히 수제잡화의 경우 매장에 도착한 시점에서는 제품번호가 붙어 있지 않은 경우가 많다. 그렇기 때문에 먼저 상품 하나하나에 제품 번호를 붙이고 상품 촬영할 때에는 제품번호를 넣어서 사진을 남긴다. 촬영 후에 바로 상품에 제품번호 라벨 등을 붙이는 방법을 썼다.

그 후 제작자 별로 라벨을 붙인 박스에 넣어 보관하고 인터넷으로 주문을 받으면 주문서의 상품을 박스에서 꺼내 발송 작업으로 연결되도록 작업환경을 갖추었다.

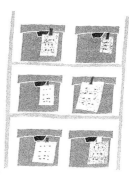

내용물을 알 수 있도록 제작자의 이름 및 제조업체 명 그리고 재고량을 기입한 종이를 붙여 둔다.

상품 촬영하기

온라인 쇼핑몰에서 가장 중요한 것이 상품 사진이다. 처음 촬영했을 때에는 카메라 액정상으로는 잘 나왔다고 생각했는데 컴퓨터의 큰 화면으로 보면 흔들렸거나 삐뚤어졌거나 어둡거나 한 적도 많았다. 해보고 나서야 그 어려움을 알게 되었다.

또한, 사진을 귀엽게 찍을 생각으로 물방울이나 꽃무늬 천을 사서 배경에 깔아봤는데, 물방울은 눈이 피로하고 꽃무늬는 상품보다 눈에 띄는 문제가 있었다. 천은 금방 주름져서, 상품이 작은 경우 그 천의 주름이 눈에 확 띄었다.

  이런저런 경험 끝에 촬영 배경으로는 무늬 없는 종이가 가장 좋다는 것을 수개월 후에 깨달았다. 미술용품점에서 전지를 샀다.

  길이가 길거나 크기가 큰 상품을 찍을 때는 전지를 쓰지만 둘둘 말아서 보관하면 구겨질 일은 없다.

  집에서 촬영하기 쉬운 장소를 찾다가 창가 옆 테이블 위, 아침의 자연광에서 찍는 것이 투명감이 느껴지고 사진이 예쁘게 찍히는 것을 알게 되었다.

  그리고 온라인 쇼핑몰 화면에서는 모두 같은 크기로 노출되기 때문에 큰 상품은 작게 보이고 작은 상품은 크게 보인다는 특징이 있다.

  또한, 그 점을 감안해서 사이즈를 현실적으로 느낄 수 있도록 작은 상품의 경우 손바닥에 올린 사진이라던가, 가방의 경우 손에 들고 있는 사진을 넣도록 했다.

손 떨림을 방지하기 위해
삼각대를 사용해도 좋다.

카피라이팅 문구 만들기

하나의 상품에도 여러 설명문이 들어간다. 상품명, 가격뿐만 아니라 소재, 사이즈, 원산지나 제작자명 등이 필요하다. 사진과 다르게 문장으로 표현하는 것은 좋아해서 이 부분은 힘들지 않았지만 실제로 손에 쥐어보지 못하는 사람들을 위해 글로 설명하는 것은 어느 정도의 노하우가 필요하다.

"이 컵, 사이즈는 알겠는데 그래서 몇 cc가 들어가는 건가요?

손님의 문의 후에 문구를 덧붙인 경우도 있다.

"문구나 표기는 사는 사람의 입장에서 써야 하는 거구나…"

당연한 것이지만 이게 쉬운 것이 아니다. 나도 모르게

'어떻게 하면 잘 팔릴까? 하는 쪽으로 생각하고 쓰게 되는 경우가 많다.

자신이 그 상품을 처음 받아봤을 때 어떤 행동을 취하게 될지를 반드시 실제로 재현해보고 광고 문구를 쓰도록 하고 있다.

'첫인상은 어떤가?' '만져보면 어떤 느낌이지? 그 상품의 가장 큰 장점은 무엇인지? 등에 대해, 상품을 받는 사람은 어떤 기분이 들까? 내가 가장 중요하게 생각하는 것은 상품을 산 이후에 그 사람의 생활이나 마음에는 어떤 변화가 있을까? 라는 구매자의 기분이 되어 글을 쓰고 있다.

크기와 용량은?
질감은? 사용한 느낌은?

1.5 온라인 시스템을 고르다

쇼핑바구니를 빌리기

'쇼핑바구니를 빌린다.' 라고 하면 마트의 카트를 떠올리기 쉽지만, 여기에서는 온라인 쇼핑몰의 시스템을 빌린다는 뜻으로 이해해주면 좋겠다.

쇼핑몰 플랫폼은 블로그를 개설하는 정도의 짧은 시간을 들여 간단하게 쇼핑몰을 개설할 수 있다. 쇼핑몰 플랫폼에는 무료로 사용할 수 있는 것부터 월정액 방식으로 이용할 수 있는 것까지 다양하다. 내가 플랫폼을 고를 때 중요하게 생각한 점은 부담스럽지 않은 사용료와 초보자도 알기 쉬운 관리메뉴였다.

쉽게 할 수 있을 것 같아서 신청한 사이트는 정작 써보니 고를 수 있는 디자인이 별로 없어서 다른 사이트로 바꾸고 싶어졌다.

'힘들게 상품을 업로드 했는데…' 하지만 앞으로 몇 년이나 사용할 테니 아직 얼마 안됐을 때 빨리 바꾸지 않으면 더 큰 문제가 될 것 같아서 용기를 내어 변경하기로 했다.

보드게임을 하다가 '처음으로 돌아가기' 마법에 걸린 것처럼 아쉬운 기분이었다. 유료페이지라도 한달 정도 무료체험을 할 수 있는 플랫폼 사이트가 대부분이므로 나처럼 울며 겨자 먹기로 다시 상품을 업로드하는 고생을 하지 않기 위해 몇 종류의 사이트를 동시에 체험해보고 결정하는 것도 좋을 것 같다.

그 외에도 내 경우엔 온라인 쇼핑몰을 계획하면서부터 언젠가는 오프라인매장도 열 생각이었기 때문에 블로그나 온라인 쇼핑몰 외에도 가족의 도움을 받아 오야츠잡화점의 공식홈페이지도 열었다.

온라인 쇼핑몰에서 마케팅하기

아이를 낳고 2개월 후인 9월에는 어떻게든 준비를 시작해서 2007년 11월 판매 개시를 목표로 상품을 하나 둘씩 소개해갔다.

업로드 할 때마다

'과연 주문이 들어오려나? 하는 두근거리는 마음으로 기다렸지만 역시나 주문은 들어오지 않았다. 오픈만 하면 금방 사람들이 잔뜩 보러 올 거라고 생각했었다.

하지만,

"접속자 수 5건! 하! 원래 이런 거야?"

블로그를 보는 사람이 많다. '그렇다면? 하는 생각으로 블로그에서 직접 상품페이지로 이동할 수 있도록 해보았다. 수제잡화 전문의 포털사이트에 등록하고 블로그 랭킹에도 참가했다.

포털사이트는 신상품을 소개하는 기사를 업로드 할 수 있고 블로그 랭킹은 순위가 높으면 블로그 소개의 메인페이지에도 노출돼서 접속자를 늘리는 기회가 있다. 그런 꾸준한 과정을 통해 조금씩 접속자 수가 늘어나기 시작했다.

온라인 쇼핑몰에서 상품을 판매하는 것은 오프라인매장과 마찬가지, 아니 그 이상으로 연구와 노력이 필요했다. 실제로 운영하면서 처음으로 알게 되었던 사실이다.

다른 매장들과 자신의 사이트를 비교해보면 온라인 쇼핑몰에 업로드 되어있는 상품의 수가 너무 적다고 느껴져서, 취급상품을 늘리니 조금씩 주문이 들어오게 되었다.

무엇보다 가장 효과가 컸던 것은 수제품 제작자의 힘이었다.

내 매장이 어디에서나 파는 제조사의 제품을 취급하는 곳이었다면 운영을 계속하지 못했을지도 모른다.

수제품 제작자 한 사람 한 사람이 블로그나 홈페이지에서 오야츠잡화점을 소개 해주기도 했고, 인기 있는 제작자의 제품은 눈 깜짝 할 사이에 다 팔린다.

구매한 상품과 함께 더불어 구매하면 좋을 것 같은 취향의 상품을 갖추니 조금씩 매출이 올랐다.

또, 고객이 어떤 상품을 원하는지 물어보고 인기가 많은 제작자에게 도매로 구매할 수 있는지도 물어보았다.

온라인 쇼핑몰의 메인페이지에 진열하면 바로 완판되는 인기 상품이 늘어나자 매출도 점차 늘어나게 되었다.

처음에는 수제브랜드를 검색해서 오야츠잡화점을 알게 되었다는 분들이 많았다.

오야츠잡화점의 경우 온라인에서 유료광고를 한 적은 없지만 접속자 수를 늘리기 위해 그런 광고를 이용하거나 큰 쇼핑몰에 입점하는 것도 하나의 방법이다.

특히 SNS를 사용한 광고는 100엔 단위의 부담 없는 금액부터 광고비를 설정할 수 있고, 타겟의 연령이나 성별 등을 지정할 수 있어 이를 사용하는 매장들이 많다.

10만 엔을 넘는 잡지광고와 비교할 때 온라인광고는 이용이 간편하지만 매출의 몇 퍼센트까지 광고비로 사용할지 등에 대해 미리 생각하고 계획적으로 이용하는 것이 좋다.

소식지 메일링 서비스

한번이라도 구매한 적이 있는 손님은 메일로 소식을 받아보겠다고 등록하는 경우가 많다. 그래서 오야츠잡화점 오픈 이후 메일 소식지를 받아보며 지금까지 고객으로 이어진 분들이 많다. 쇼핑몰 플랫폼을 사용하면 보통은 부가서비스로 메일 소식을 발송할 수 있는 기능이 있다. 요즘은 상품 소개나 오프라인매장의 이벤트 안내 등을 담은 소식지 메일을 비정기적으로 발송하지만, 온라인 쇼핑몰을 시작했을 때는 주 2회 이상은 정기적으로 발송했다.

상품 소개와 판매스케줄 안내를 주로 담았다. 가장 반응이 좋았던 것은 신상품에 대한 것… 이라고 하고 싶었지만 실은 내 아이에 관한 것이었다. 매일 아이와 함께 하며 크게 웃은 일이나 깜짝 놀랐던 일, 감동적인 이야기 같은 내용을 소식지의 가장 끝 부분에 몇 줄 정도 적었다. 메일 소식지를 발송한 다음 날 아이에 관해 답장을 준 고객도 있었다.

태어났을 때부터 조금씩 적어 두었던 아이에 관한 내용들이 지금은 나와 가족에게 소중한 추억의 앨범이 되었다.

택배업체 고르기

온라인 쇼핑몰에 반드시 필요한 것이 상품을 배송해주는 택배업자이다.

오픈하기 전에는 한 회사하고만 계약했었지만 오픈한 후에는 다른 택배업자로부터 "저희 견적서도 받아보세요"라는 연락을 받았다.

이런 작은 매장에 많은 택배업자가 필요하지는 않을 것 같다고 생각했지만, 홋카이도나 도호쿠 지방으로의 택배비가 비싸 해당 지역 고객의 부담이 커지는 것이 신경 쓰이던 차라 "그렇게 택배물량이 많지 않을 텐데…" 하면서도 견적서를 받아보았다.

견적만 받아보려고 했는데 금액을 보니 꽤나 매력적이었다. 그래서 지역이나 택배의 크기 등에 맞춰 직접 택배업자를 선택해서 발송하는 시스템으로 바꾸었다.

택배물건이 무겁고 큰 경우에는 아무래도 예전에 거래했던 택배업자가 더 저렴했다. 고객 입장에서도 배송료가 저렴한 편이 좋은 건 당연한 일이다.

또 사람에 따라서는

"○○택배업자는 싫어요. 다른 택배업자로 보내주세요." 하는 요청이 있거나 문제가 생겨 반품을 수거하러 못 가는 택배업자가 발생하는 경우에 대비해 작은 매장도 택배업자는 여러 곳과 계약하는 것이 좋다.

메일 문의 대응하기

어느 날

"응대가 너무 마음에 안 들었어요. 다시는 문의 안 할거에요!" 하는 메일을 받았다. 날카로운 칼날이 가슴에 박힌 것 같았다.

'내가 어떻게 응대한 거지?' 라는 두려운 마음으로 어제의 메일함을 열어보았다.

딱히 이상한 내용이 적혀 있지는 않았다. 하지만 사무적이고 차가운 말투가 느껴지는 메일이었다.

어찌나 죄송하던지… 사과의 메일을 보냈지만 그 메일에 대한 답장은 받을 수 없었다.

메일은 상대의 표정이 보이지 않아 필사적으로 얘기하는지 웃는 얼굴로 얘기하는지 전달되기 어렵다.

이 사건 이후로 얼굴이 보이지 않는 상대의 메일 문의에는 나름 규칙을 정해서 대응하도록 하고 있다.

먼저 문의해준 것에 대해 감사를 전하고 손님의 의견에 보조를 맞춰 나간다. 그리고 현재 상황을 알리고 필요가 있다면 정중히 사과한다. 그런 후 손님에게 도움이 될 만한 제안을 한다. 마지막에 한번 더, 감사인사를 전한다.

무엇보다도 답변은 빠르게 진행하는 것이 좋다. 자신이 문의한 내용이 전달되었는지 어떤지 모르면 상대는 불안할 수밖에 없다.

손님의 문의 내용이 무엇이든 상대의 마음에 전할 것은 감사의 마음임을 잊어서는 안 된다.

잡지처럼 특집을 기획하기

취급하는 상품이 점점 늘어가자 조금씩 주문이 들어오게 되었지만 좀처럼 크게 늘는 않았다. 이렇게나 많은 온라인 쇼핑몰이 있는 와중에 내 매장이 선택 받으려면 다른 매장에는 없는 무언가가 있어야 하는데… 하고 고민하던 중, 서점에 들렀다가 문득 생각이 났다.

많은 잡지들 중에는 내가 읽어보고 싶은 것과 그렇지 않은 것이 있다.

비슷한 장르의 잡지 중에서도 자기도 모르게 손에 집어 드는 건

"표지의 분위기와 특집기사가 아닐까…?"

바로 판매 스케줄을 메인페이지에 노출시키고, 갤러리에서 개인전을 하는 느낌으로 제작자 관련 특집을 기획해서 판매해보았다.

"다음 특집도 기대할게요." 하는 손님의 메일을 받고

"이거구나!" 하고 나도 모르게 소리쳤다.

너무 기뻐서 감사의 마음을 한 가득 메일에 담아 답장을 했다. 특집 말고도 다음 입고예정, 메인페이지의 변경 등, 매일 우리 매장을 구경하는 사람의 마음을 두근거리게 하는 요소가 필요하다는 점은 오프라인매장의 운영방법과 비슷하다는 것을 깨달았다.

제 2 장
다양한 형태의 잡화점

1 day
shop   2 days
                3 days
1 week

제2장 다양한 형태의 잡화점

아침에 주문메일을 확인하고 그날 출고할 상품을 점검하고 나면 트럭이 도착한다. 물건을 싣고 나서 블로그 업로드, 상품 촬영까지 끝내면 점심시간이 된다. 점심을 먹고 나서 상품페이지를 만들고 내일 출하할 상품의 포장작업까지 하면 하루 일과가 끝난다.

누군가와 이야기를 하는 건 트럭이 도착했을 때 운전수와 인사하는 정도로 일이나 상품에 대해서 누군가와 이야기하는 일은 거의 없다.

대부분의 상품은 상자로 포장되어 있어서 귀여운 물건들에 둘러 싸여서 일한다는 생각도 별로 들지 않고, 상자가 잔뜩 쌓인 방 한 구석에서 하루 종일 컴퓨터를 뚫어지게 쳐다보면서 일을 하는 내 자신만 있었다.

꿈꾸고 그려오던 '잡화점'과는 달라도 너무 달랐다.

내 생활의 반은 돌도 안 된 아이의 엄마로서 모유수유와 기저귀를 교체하는데 대부분의 시간을 쓰고, 낮 동안엔 아이를 엎고 달래기 바쁜 생활 속에서 어떻게든 매장을 운영하려는 고군분투의 매일이었다.

혼자서 일하게 되면 동기부여를 지속시키는 것이 어렵다.

'아아… 손님이랑 얘기하고 싶어. 수제품 제작자랑 같이 뭔가 즐거운 걸 기획하고 싶어!' 아이에게는 정해진 시간에 수유해주고 싶지만, 그때마다 데리고 다닐 수도 없다.

하지만 아이가 젖을 떼고 어느 정도 시간이 확보되면, 아이를 가족에게 맡기고 시간을 정해놓고 여는 매장은 유지할 수 있을 거라고 생각했다.

가족이 있다는 것은 병행하기 어려운 일과 개인생활을 조화시켜야 하기 때문에 나름 까다로운 부분이 있다. 하지만 하고 싶다고 생각한 이상 바로 행동으로! 근처의 갤러리를 빌리기로 했다

2.1 기간한정 매장 운영하기

3일 한정 매장

아이를 가족에게 3일간만 맡아달라고 부탁하고, 친밀한 손님이나 수제품 제작자의 도움을 받아 갤러리를 빌려 기간한정 잡화점을 열기로 했다.

'아무도 안 오면 어쩌지…' 하고 걱정했지만 친구나 온라인 쇼핑몰에 대한 메일 소식을 읽어 준 사람들, 친분이 있던 수제품 제작자나 근처 매장 사람들까지 3일 동안 손님들이 계속 와주어서 너무 기뻤다.

사람과 대화한다는 것이 어찌나 이렇게 즐거운지 새삼 느꼈다. 멈춰 있던 시간이 다시 움직이기 시작한 것만 같았다.

도와주신 많은 분들에게 감사 인사를 하고 대관료를 지불하자 수익은 거의 없고, 겨우 적자를 면한 수준이었지만 집에서 자전거로 상품을 실어 나를 수 있는 거리에서 열었던 점과, 방문해주신 분들과 여유롭게 이야기 하는 것이 목적이었기 때문에 성취감은 충분히 느낄 수 있었다.

손님의 반응을 직접 느끼고 싶다? 매출을 올리고 싶다? 재고를 처분하고 싶다? 지인에게 상품을 보여주고 싶다? 등 여러가지 희망사항이

있겠지만 기간한정 매장은 욕심을 내서 목표를 세우면 안 된다. 이것 저것 다 실현시키려고 하면 그 어느 것도 얻지 못하고 흐지부지 끝나게 되는 경우가 많다. 가장 원하는 것이 무엇인지 명확히 하면 어떤 환경에서 판매하면 좋을지에 대한 생각이 떠오를 것이다.

일주일 한정 매장

기간한정 매장을 한번 더 열고 싶어!

'다음엔 집 현관 앞에서 열면 어떨까?' 하고 상상의 나래를 펼쳤다.

그때 우리 가족이 살던 곳은 교토 친정집에서 조금 떨어진 곳으로 번화가에서 거리가 좀 있지만 큰 도로가 앞에 있고 버스정류장이 바로 옆이었다.

근처에는 절이나 학교가 많고 주택은 비교적 적다. 매장을 계속 운영하기는 어려울 수 있지만 기간 한정으로는 어찌됐든 사람이 와주지 않을까 하는 생각이 들었다.

대관료나 임대료도 필요 없고 상품을 운반할 필요도 없다.

'모처럼 하는 거니까 일주일 정도는 하고 싶다. 시간은 손님이 오기 편하게 골든위크 전후에 하면 좋겠다!' 그렇게 생각하니 또 두근거림 이 멈추지 않았다.

왜 이런 아이디어가 떠올랐느냐 하면, 친정집의 현관 앞마당에 작은 매장을 열기에 매우 적합한 3평 정도의 공간이 있었기 때문이다.

먼저 가족의 양해를 구하고, 마당에 놓인 자전거 같은 것들을 다 치 웠다. 그리고 그 공간에 평소 사용하는 작은 가구나 테이블을 소품으 로 설치했다.

상품을 진열하니 금방 여느 매장처럼 되었다.

'매장도 갤러리도 아닌 곳에 누가 오긴 올까?' 라는 나와 가족의 걱정이 무색할 정도로 오픈 하자마자 3평 크기의 작은 매장은 금방 사람으로 가득 찼다.

'4월 29일부터 1주일간만 잡화점이 열립니다.' 라고 쓰여진 간판을 집 앞에 한달 전부터 세워놓았던 효과가 있었던 것 같다.

근처 이웃 사람들, 근처 대학교 학생들, 매일 퇴근하면서 지나는 사람들, 처음 생각한 것 보다 더 다양한 사람들이 와주었다.

집의 한 구석을 사용해서 기간 한정 매장을 열 때에는 사전에 반드시 근처에 사는 분들에게 인사를 하러 가야 한다. 양 옆집과 근처 매장들도 반드시 방문해야 한다.

흥미가 있는 사람이 방문해서 손님이 되는 경우도 있지만, 갑자기 불특정 다수의 사람들이 집을 방문하게 되어 근처 이웃들이 깜짝 놀랄 수도 있고 소음이나 자전거 주차 등으로 폐를 끼칠 수도 있기 때문이다. 자신이 사는 곳의 지역 단체에도 다른 규칙이 있는지 반드시 확인해보는 것이 좋다.

한달 한정 매장

일주일 한정 매장을 열고 난 후의 스케줄은 금세 정해졌다.

이번엔 한달 동안 해보자. 물론, 그 동안 아이를 돌봐달라고 가족에게 부탁해야 했다.

친정집의 좁은 마당으로는 뭔가 부족하다.

역에서 멀리 떨어진 곳으로 손님을 오게 하는 것이니 더더욱 손님을 만족시킬 수 있는 상품과 공간을 준비해야 한다.

친정집에는 예전에 임대용 사무실로 사용되었지만 지금은 쓰지 않는 방이 하나 있다.

"3층을 좀 쓸 수 있을까?"

"3층? 짐 보관하는 방으로 쓰고 있는데, 괜찮겠어?"

"조금씩 정리하면 할 수 있어."

어떤 물건이 진열되어 있을까?
두근거리는 마음을 선사할 수 있게 주제를 결정했다.

크리스마스.

다락방으로 올라가 보니 보물이 한 가득 있다. 할머니께서 예전에 쓰시던 액세서리나 드레스 그리고 조금은 그립고 귀여운 잡화들.

공상 속에서 창고 같은 3층 방을 귀여운 매장으로 변신시켰다. 하지만 공상에 빠져있을 시간은 없다. 방에 가득 쌓여있는 물건들을 먼저 치워야만 했다.

그리고 '다락방의 보물' 이라는 테마로 기간 한정 매장에서 판매할 상품을 수제품 제작자에게 의뢰했다. 인테리어도 최대한 비용이 들지 않도록 예산 5만 엔 내에서 해결했다.

한달 동안 정신없이 준비했다.

이때는 기간이 길고 공간도 예전보다 넓어서 홍보에 힘을 쏟았다.

관련 내용을 지역 정보지에 게재하기도 했고, 전단지를 만들어 카페나 잡화점에 놓도록 한 것들이 반응이 좋아 이벤트는 첫날부터 판매액이 20만 엔 정도의 매출이 나올 정도로 성공적이었다.

'엄마가 있잖아, 잡화점을 열었어…'

이벤트 마지막 날, 지난 수년간 느껴보지 못했던 성취감으로 가득했다. 너무 기뻐서 어쩔 줄 몰랐다. 아이를 꼭 껴안고 귀여운 잡화들을 바라보면서 이 상품들을 다시 정리하지 않고 진짜 오프라인매장으로 운영할 수 있었으면 좋겠다고 생각했다.

2.2 다양한 이벤트 출점을 통한 실력 테스트

각종 이벤트로 실력 테스트하기

기간한정 매장을 열기 위해서는 갤러리 등의 공간을 임대하는 것보다는 수제품을 테마로 하는 전시회나 이벤트에 참가하는 것이 보다 간단하다.

공간은 조금 작아지겠지만 그만큼 비용이 절감된다.

하루 혹은 2~3일의 기간 동안, 장소나 분위기도 다양한 형태의 행사가 있어 자신의 스타일이나 일러스트에 맞는 이벤트를 고를 수 있다.

도쿄 빅사이트에서 열리는 〈디자인 페스타〉, 나고야의 〈크리에이터스 마켓〉, 오사카의 〈오사카 아트 & 수제 바자회〉 등 실내에서 열리는 행사도 있고, 실외 행사 중에는 오사카의 만국박람회 기념공원에서 개최되는 〈로하스 페스타〉, 교토의 지은사, 카미가모신사, 시모가모신사 등 신사들에서 개최되는 수제품 시장 등 장소도 규모도 다양하다. 실제로 고객에게 상품을 보여주고, 직접 고객과의 커뮤니케이션을 하면 많은 것을 배울 수 있을 것이다.

지금의 자신에게 맞는 행사를 찾아보도록 하자.

2.3 인기 매장에서의 기획 판매

행사 참가를 기획해서 실제 오프라인매장에 의뢰한 경우도 있었다.

다른 매장에서 판매하게 되므로 단순히 온라인 쇼핑몰을 벗어나 매장으로서의 신뢰도가 올라가고, 행사 등에 와 주시는 고객과 만나는 기회도 늘어나고, 상품의 회전율이 올라가는 장점이 있다.

좋아하는 매장의 단골이 되어 점주가 나를 기억할 때쯤 이야기를 꺼내보았다. 다른 매장에서의 판매는 서로의 신뢰관계나 가치관이 맞는지 아닌지 등의 확인이 있어야 성립된다.

바로 시작하는 것은 어려울 수 있지만, 점주의 머릿속 한켠과 명함지갑에 내 존재를 알리면 기회는 온다.

그렇게 다른 매장에 납품하게 되면 수수료 등을 지불해야 해서 이익은 줄어들지만, 배송료나 교통비 등의 경비를 제하더라도 오프라인매장에서 고객의 반응을 직접 확인할 수 있는 점은 매력적이다.

보빈로빈과 함께

당시에 산조 가라스마루 지역에 있던 수예, 재봉 잡화점으로 인기가 많았던 〈보빈로빈〉.

수제품을 취급해서 예전부터 곧잘 놀러 가곤 했는데, 오야츠잡화점의 상품 중에서 이곳과 어울리는 상품을 함께 선별하기로 했다.

내가 〈보빈로빈〉에 머무는 시간을 홈페이지에 공지해놓으니 일부러 찾아와주는 사람들도 있었다.

언제나 온라인 쇼핑몰을 통해 구매해주시는 손님과의 대화를 즐기고 처음 만나는 사람과 인사를 나누는 즐거운 시간을 〈보빈로빈〉 주인인 이토 씨와 함께 보냈다.

그리고 역시 나는 이렇게 손님들의 웃는 얼굴을 보면서 판매하는 것을 좋아 하는구나라는 점도 다시금 깨달았다.

'귀여운 직물(TexTile)' 이 테마
가방 및 소형 지갑 등 멋진 모양의 잡화

가케서점과 함께

시라카와 거리에는 벽에 차가 박혀있는 모양의 외관이 눈길을 끄는 유명한 서점 〈가케서점〉이 있다.

지금은 성보사(쇼노지) 지역으로 이선하고 이름노 〈호호호좌(座)〉로 바뀌었다.

야마시타 씨와 알게된 것은 서로 알고 지내는 지인이 같았다는 것이 계기였다. 친정집이 근처고 나이도 비슷해서 조금씩 말을 트게 되었고 기간한정으로 오야츠잡화점의 상품을 서점에 놓아 달라는 부탁을 했을 때 흔쾌히 승낙해주었다.

매장 중앙에 큰 테이블을 놓고 〈빵 모티브 잡화〉라는 테마로 상품을 선별했다. 매장에 상품을 진열하고 판매 가능한 환경을 만드는 것이 내 일이었고, 판매 자체는 모두 서점의 점원들에게 맡겼다. 그 후엔 판매되는 상황을 전달받아 추가로 상품을 준비했다.

이런 이벤트들을 정기적으로 열게 되면 그것 자체가 자기 자신의 에너지가 되고 다음 단계로 이어지게 하는 원동력이 된다.

'빵 모티브'를 테마로
머핀 및 빵 모양의 작은 지갑이나
머핀이나 빵 모양의 파우치나 문구류 중심의 잡화

제 3 장

오프라인매장을 열다

제3장 오프라인매장을 열다

처음으로 한달 동안의 기간한정 매장을 열었던 때가 2009년이었다. 그 후, 반년에 한번 정도의 빈도로 기간한정 매장을 여는 동안 동일본 대지진이 발생하였고 이를 계기로 SNS가 일반화되었고, 수제 잡화를 판매하는 대형 온라인 쇼핑몰이 생겨나는 등 회사를 둘러싼 사회환경이 크게 변화하였다.

출산 전부터 5년 정도, 친정집에 신세를 지면서 엄마와 함께 지냈었지만, 앞으로 가족과의 생활을 고려하여 과감히 집을 사기로 결정했다. 그랬더니 먼 미래의 일로 막연히 생각했던 오프라인매장을 열고 싶다는 목표가 갑자기 또렷하게 다가왔다.

지금까지의 자신의 경험을 살려 생활을 위한 수단으로 잡화를 계속 판매한다면 온라인 쇼핑몰만 해나가는 것 보다는 오프라인매장도 함께 운영하는 것이 좋겠다. 아니, 그냥 그렇게 하고 싶었을 뿐일지도 모르지만 말이다.

매장이 딸린 중고매물이 리노베이션도 하기 쉽지 않을까 생각해 교토 시내에서 찾아보았다. 가족들은 걱정하는 마음에 자영업보다는 어딘가의 회사에 취직하는 편이 낫지 않겠냐고 권유했지만 결국엔 엄마가 일주일에 한번 아이의 보육원 등하원을 도와주기로 했다. 아이를 키우면서 일을 하려면 가족의 협력 없이는 불가능하다.

낯선 장소에서 낯선 사람들과의 만남에 대해 불안감이 없었던 것은 아니지만, 움츠러드는 나의 마음을 항상 가족들이 지탱해주었다.

3.1 매물 고르기

매장 장소 선택하기

장소 선택은 매장을 열 때 매우 중요한 일이다.

근처에 어떤 매장이 있는지, 어떤 사람들이 모이는 장소인지가 중요하다. 매장 위치가 교토인 경우에는 근처에 어떤 관광자원이 있는지도 중요하다. 나는 내 자신을 포함해 가족들이 살기 편한 점을 최우선으로 해서 교토 시의 서쪽 끝, 교토의 중심부이면서 오사카의 베드타운인 가쓰라 지역을 골랐다. 교토의 번화가까지는 한큐 경전철 특급으로 6분이면 갈 수 있다. 10분 정도 걸으면 직접 기른 채소를 파는 무인판매대가 있는 곳이다.

도시의 편리함과 시골의 정취가 공존하는 마을. 또한 반경 100미터

내에 아이의 친구들이 10명 정도 살고 있는 주택밀집 지역이기도 하다. 처음부터 이 동네에 매장을 열거라고는 예상하지 못했지만 예산 등 여러 가지 상황을 고려하니

'여기가 딱 좋네…' 하고 마음을 정했다. 신기한 일이다.

온라인 쇼핑몰과 오프라인매장도 함께 병행하게 되면, 굳이 온라인 쇼핑몰의 매출에만 기대지 않아도 되고, 고객층도 근처 사람들뿐만 아니라 관서지방 일대나 전국적으로 확대해 나갈 수 있다는 생각을 하면 선택지는 꽤 많아진다.

매장 임대하기

매장을 열 때에는 임대하는 것이 가장 현실적이다.

가계 임대료는 전액 경비로 처리할 수 있고, 입지가 맘에 들지 않으면 장소를 변경할 수도 있다.

가장 추천하고 싶은 방법은 매장 자리를 알아보고 있다는 것을 지인들이나 신뢰할 수 있는 부동산 등 주변 사람들에게 알려두는 것이다. 시간은 좀 걸리겠지만 좋은 매물정보가 자연스럽게 들어온다. 또한, 자신이 마음에 드는 동네를 돌아보며 비어있는 매장을 발견해 주인과 직접 거래하는 방법도 있다.

임대할 때 주의해야 할 점은 어떤 상태로 빌려주는 것인가이다.

예를 들어 공조설비 및 내장을 임차인이 부담하는지, 혹은 사무실로 취급하여 공조설비는 건물주가 소유한다든지, 그리고 바닥 및 벽면 등은 어떻게 되는지, 내부공사는 가능한 것인지 등등…

주거용 임대라면 붙지 않는 소비세가 사무실이나 매장용 매물의 경

우에는 발생한다.

관리비가 임대료와 별도로 청구되는 경우 관리비에는 매월 발생하는 비용인 수도세, 전기요금 등이 포함되는지 빠짐없이 확인해야 한다.

매장 구입하기

내 경우는 부동산 중개를 통해 중고매물을 구입했다. 1층은 미용실, 2층과 3층이 주거용 공간인 건물이다. 강한 바람이 불면 흔들리는 건 아닐까 싶을 정도로 좁고 작은 건물이었다.

지은 지 20년 이상 지난 건물이기 때문에 개조나 인테리어 공사가 가능한지 알아보려고 계약 전에 건물의 구석구석을 살펴보고 싶다고 건물주에게 요청했다. 하지만 당시에 살던 사람들이 있어서 다락방이나 마루 밑까지 살펴볼 수는 없었고, 대신에 '하자담보책임'이라는 문구를 계약서에 추가하도록 부동산에 부탁했다. 이는 구입 후, 건물주가 얘기한 내용과 매물의 상태가 다른 점이 있다면 수리한 후에 입주하도록 하는 것이다. 건물주는 이사를 끝낸 후 제3자 기관에 의뢰하여 다락방까지 꼼꼼히 점검해주었다.

지은 지 오래된 중고매물은 갑자기 어디가 어떻게 될지 몰라 조마조마했지만 적은 자금으로 구입할 수 있고, 사용법에 따라서는 조금씩 자기 취향에 맞게 매장을 꾸며나가는 즐거움이 있다.

계약금을 지불한 후에

"잔금은 언제 어디서 치르면 될까요?"

부동산의 영업담당자에게 물었다. 어쨌든 이렇게 큰 금액의 물건을 임대하기는 처음이었기 때문이다.

"계약서를 교환할 때, 은행의 회의실에서 송금하는 경우가 많아요."

'은행 회의실은 그런 식으로 사용하는구나.' 라는 생각을 했다. 그래서 어릴 때부터 계좌를 가지고 있던 은행을 통해 부동산회사의 영업담당자와 함께 은행 회의실에서 주인에게 송금했다.

사는 쪽은 초보인데 거래되는 돈이 너무 크니, 상담할 수 있는 지인이나 업자를 찾아 보이지 않는 부분까지 세세하게 확인해 두는 것이 좋다.

오픈까지의 일정

1월 매물 탐색 개시

5월 초순 매물 가계약

7월 말 매물 결정

8월 내부 디자인 확정

9월 내부 인테리어 공사

10월 중순 내부 인테리어 완료 및 이사

11월 초순 매장 내부 디스플레이 개시

11월
15일 11月 15日 open!

자택에서 시작하기

자택이 단독주택이라면 자택의 한 쪽에서 시작하는 것도 가능하다. 내가 기간한정 매장을 열었던 것처럼 별다른 인테리어 작업 없이 매장을 시작해 본 다음, 본격적으로 현관이나 주차장 등을 개장해도 좋지 않을까?

오야츠잡화점은 공간상황 상 가족이 출입하는 현관과 매장 입구가 같다.

귀여운 잡화의 세계에 빠져있던 손님이 가족이 들어올 때마다 현실로 되돌아가는 것은 아닌가?… 라는 점이 조금은 마음에 걸렸다. 가능하다면 사적인 공간과 매장의 문은 따로 구분해 두는 것이 좋다.

자택을 매장으로 삼는 것은 임대료를 내지 않아도 되는 큰 장점이 있지만 나처럼 주택가에서 갑자기 시작하는 것은 손님 모으기 면에서는 어려운 점이 있다. 행사에 참가하고 기간한정 매장을 여는 등, 매장으로 손님을 끌어 올 수 있는 방법을 만들어 두어야 한다.

3.2 매장 꾸미기

내부 이미지맵

매물을 찾는 것과 동시에 진행한 것은 매장 이미지맵을 만드는 일이었다. 내가 취급하는 상품은 색상이 다양하고 아이템 종류도 풍부해서 공간은 기본적으로 심플하게 만들려고 했다. 그리고 행사 때부터 사용했던 가구나 친구가 매장을 그만둘 때 얻은 테이블 등을 그대로 사용할 수 있는 분위기를 만들고 싶었다.

테마 컬러부터 구체적으로 어떤 조명이나 선반을 사용해서 구성할 것인지, 바닥의 질감이나 소재 등으로 조금씩 구체화되는 이미지맵은 머릿속의 막연했던 이미지를 자신의 눈으로 보고 재확인하기 위한 것 이기도 하지만, 인테리어 업자에게 의뢰할 때에도 크게 도움이 된다.

Light
이동시킬 수 있게 배선 덕트 레일을 단다

Floor
마루는 닦아서 콘크리트 그대로 쿨한 이미지

Wall
벽에 가는 틈을 넣어서 선반을 가동식으로

내부 인테리어 공사하기

내부 인테리어 공사를 누구에게 맡겨야 할지 고민하던 차였다. 부동산중개소가 소개해준 인테리어업자에게서 견적을 받았고, 인테리어 업종에 종사하는 지인에게서도 받기도 했다.

하지만 문득 떠오르는 얼굴이 있었다.

"이 파우치, 귀엽네요."

예전에 기간한정 매장에 놀러 와 고양이 파우치를 샀던 건축설계사 호리카와씨였다. '귀여움'에 대한 취향은 잡화점을 만드는데 매우 중요했다. 내 머릿속에 그의 존재가 확실히 남아 있었다. 감각이 다른 사람에게 나의 취향을 설명해봤자 이해하지 못할 가능성이 있다. 인테리어업자나 건축설계사를 이용하는 경우에는 과거에 어떤 일들을 해왔는지를 확인하고, 자신의 감각을 이해할 수 있는 사람에게 의뢰하는 것이 좋다.

자신이 할 수 있는 것은 혼자서 하는 것도 좋지만, 전문가에게 맡기면 작업 속도도 빠르고 완성도도 높아진다. 나처럼 건물 전체인 경우는 애당초 직접 하는 것이 어렵기 때문에, 나는 벽을 칠하는 작업을 돕는 정도로만 했다. 인테리어 비용은 최대한 줄이고 싶겠지만, 시간이나 체력, 예산 및 비용대비 효과 등을 모두 고려해서 선택해야 한다.

레이아웃 생각하기

평면도를 보면서 매장에 어느 정도 크기의 가구를 몇 개나 놓을 수 있을지를 생각했다. 매장의 레이아웃을 생각할 때에는 손님의 동선을 시계방향으로 생각하는 것이 좋다. 사람의 시선은 왼쪽에서 오른쪽으로 이동한다는 것을 의식해야 한다. 폭이 좁고 안으로 긴 형태의 6평 정도의 매장. 손님을 한 바퀴 돌아보게 하려면 가구들의 크기를 잘 가늠하지 않으면 원활하게 지나다닐 수 없다. 유모차를 끌고 오는 손님도 있을 것이고, 손님들끼리 스쳐 지나는 공간까지 생각하면 통로는 1미터20센티 정도는 확보하는 것이 이상적이다. 오야츠잡화점은 사람이 스쳐 지날 때 조금씩 양보하면 지날 수 있는 80센티 정도로 정했다.

도면만으로는 알기 어려워서 호리카와씨에게 작은 모형을 만들어달라고 해, 몇 번이나 둘이서 확인하고 집기들의 크기를 정해나갔다.

　단, 아무리 시간을 들여 생각해서 정해도 나중에 이렇게 했더라면 좋았을 걸… 하는 점들은 생기게 마련이다. 고민하는 시간은 수년 후의 즐거움으로 남겨두는 것도 나쁘지 않다고 생각하기 때문에 최소한의 시공작업으로도 충분하다고 생각한다.

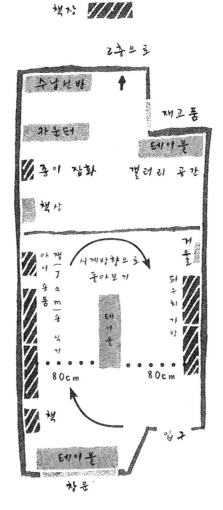

간판과 외관 생각하기

교토의 게이호쿠 지역에서 가구를 만드는 「쥬린샤」 대표 야소하라 씨에게 매장에서 사용할 디스플레이용 가구제작을 의뢰했다. 그러자

"간판은 어떻게 할 겁니까?"

하고 물어 와서, 간판은 생각지도 못하고 있다는 것을 깨달았다.

'간판!! 그건… 어떻하지…'

"저희도 간판을 제작합니다. 만들어 드릴까요?"

그는 반찬(절임채소 등) 매장이나 찻집, 교토의 멋진 매장들의 간판을 만들어 왔다.

간판은 사용되는 소재에 따라 그 느낌이 거의 정해진다. 간판 하나로 매장의 감성을 강하게 나타낼 수 있다.

손님이 '들어가 볼까?'라는 마음을 가지게 할지 말지를 간판이 좌우하기 때문에 매우 중요하다.

그의 제안으로 소재는 나무로 하고 매장 이름은 인쇄가 아닌 직접 손으로 조각하기로 했다.

'간판 귀여워요.' 하고 간판을 사진 찍어서 SNS에 올려주는 사람도 많았다.

매장 간판 이외에도 개장한 후 추가로 도로 쪽에 놓는 작은 간판도 제작했다. 두 개의 간판 모두 영업이 끝나면 매장 안으로 옮길 수 있다. 너무 무거우면 옮기는 게 일이고, 너무 가벼우면 바람에 쓰러져 버린다. 간판에는 금속 랙을 걸어 지나가는 사람들이 전단지 등을 가져갈 수 있도록 해놓았다.

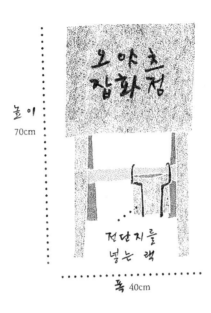

높이
70cm

전단지를
넣는 랙

폭 40cm

매장 앞으로 차광막을 설치할 수 있게 되어 새로 차광막을 교체했지만, 매장 이름은 일부러 넣지 않았다. 큰 차광막에 매장 이름을 새기면 정식 간판으로 취급되어 행정기관에 별도로 신청해야 하기 때문이다. 간판의 크기나 색상에 대해 지자체에서 정한 규칙이 있다.

입구의 디자인을 생각할 때에는 손님이 어느 방향에서 어떤 식으로 들어올지 상상해본다. 역에서 걸어오는지, 아니면 차로 오는 곳인지를 상정해서, 가까이서 볼 때와 멀리서 볼 때 어떻게 보일지를 확인할 필요가 있다.

나의 경우에는 매장 앞부분까지 공사할 예산이 없었기 때문에 입구 부분은 예전의 미용실이었던 때 그대로 사용하였다. 문 손잡이만 목재로 교체하여 쓰기로 했다.

매장 캐릭터 만들기

오프라인매장을 가지게 되면 로고와 함께 기억하기 쉬운 「오야츠잡화점의 얼굴」이 필요하다고 생각했다.

'어떤 분위기가 좋을까…'

그렇게 생각해서 잡지 스크랩 등을 모으기 시작했다.

그 중에서 여자아이가 오야츠를 들고 포즈를 취한 양복 광고와 오래된 양과자점의 포장지에서 힌트를 얻어, 자신만의 이미지를 만들어 매장 로고를 만들어 준 이시다씨에게 이미지를 전달했다.

"좋아하는 색은 녹색, 캐릭터인 여자아이 머리는 단발머리로 해주세요."

초안으로 받은 것은 소박하고 상냥한 느낌의 여성과, 밝은 미소의 여성 두 가지였다.

"어느 쪽이 좋으세요?" 하고 물어 와서

"어머, 오야츠가 완성됐네요! 보세요!"

느낌이 표정에 드러나고 있는 것 같은 밝은 표정 쪽을 골랐다.

그리고 색깔은 컬러와 흑백 두 가지를 요청했다. 흑백은 스탬프 제작을 위해 요청했는데, 단색으로 인쇄할 때에는 깔끔한 느낌이 있어 편리하게 쓰고 있다.

상품 구성과 디스플레이

상품 구성은 온라인 쇼핑몰에서 크게 바꾸지 않고 매장이 주택가에 입지해 있는 점을 고려해서, 집에서 사용할 수 있는 것을 추가해 선별했다. 식기, 앞치마, 식품, 종이류, 아이 선물용, 그림 등등…

매장 첫인상을 어떤 이미지로 할지에 따라 디스플레이 방법도 달라진다. 오야츠잡화점의 경우, 쇼윈도에는 귀여운 물건이 많이 있어요 라는 풍성함과 친밀감을 주었다. 반대로 매장 내부는 기분 전환이 되도록 차분한 느낌의 공간으로 꾸몄다.

디스플레이에서 중요한 것은 보기 편하고 고르기 편한 점과, 지금 추천하는 상품이 무엇인지 알 수 있는 포인트를 만들 것. 이렇게 두 가지이다.

또, 여성의 눈높이인 1미터 50센티 라인은 골든라인이라 불리는 주목도가 높은 위치이므로 여기에 추천상품이나 아래에 두면 너무 작아서 눈에 잘 띄지 않는 상품을 진열하면 좋다. 특히 아이들이 만지기 쉬운 작은 상품들은 1미터 이상 높이의 선반에 진열해두고 있다.

1미터 50센티 높이의 시선
눈에 띄는 장소이기 때문에 가장
많이 팔고 싶은 물건을 배치한다

최상위층은 삼각형 구성으로
안정감이 있고 깨끗하게 보인다

포장

포장재료는 자재전문점 등을 통해 구매할 수 있다. 오야츠잡화점에서는 가방에서 엑세서리까지 크고 작은 다양한 형태의 상품이 있기 때문에, 크기 별로 다양한 상품을 포장할 수 있는 봉투가 여러 종류나 필요하다. 온라인에서 판매된 상품 발송을 위한 종이박스부터 깨질 수 있는 상품을 포장하기 위해 쿠션감이 있는 완충재까지 상비해야 한다. 매장에서는 손으로 들 수 있는 다섯 종류의 쇼핑백을 준비하였다.

선물용 포장의 포인트는 손님이 기다리지 않도록 하는 것이다. 별다른 기술 없이 누구라도 할 수 있어야 하고, 보기에 화려한 느낌도 있어야 한다. 기본은 종이봉투에 넣어 도일리페이퍼와 리본으로 마무리한다. 도일리페이퍼를 사용하는 건 어딘지 '오야츠'의 느낌을 줄 수 있지 않을까 해서다. 시간이 있을 때에는 손님이 원하는 리본 색상을 고르게 해서, 도일리페이퍼와 리본을 스테이플러로 찍어서 고정하면 "와! 예쁘게 포장해주셔서 고마워요!" 하고 기뻐해주시는 경우가 많다.

리본

종이레이스

스탬프

스테이플러

리본고정으로

3.3 매장 판매 개시

오픈 전 PR 하기

오픈 전의 PR 활동은 이벤트 개최 때
와 마찬가지로, 먼저 홍보를 위한 엽서
를 만들었다. 지금까지 이벤트에 와주
신 많은 분들이나 친구들에게 안내 엽
서를 발송했다. 그리고 지인의 매장에
오픈 안내 엽서를 비치했다. 온라인에
서는 통상적인 홍보활동인 메일소식지
를 보내고, 블로그에 공지했다. 또한,
옆집들은 물론, 같은 골목의 집들이나

골목 뒤쪽의 집들까지 30여 군데 정도에 오픈 안내 엽서와 앞으로 판
매할 쿠키를 가지고 다니면서 인사를 했다.

"와! 드디어 오픈, 엄청 기대 되요!"

하고 기뻐하며 말을 걸어주는 사람도 있었다. 그 외에도 관서지역의
잡지사 중, 개업소식을 실어줄 것 같은 곳에도 개업소식을 알렸다. 아
쉽게도 내가 매장을 연 장소가 번화가로부터 좀 떨어져 있어, 잡지 독
자층이 가기 어렵다는 반응이 대부분이었다. 하지만 '테마에 맞는 기
획이 있으면 취재기회가 생기기도 해요.' 하는 얘기를 들어서 때를 기
다리기로 했다.

판매하는 일에 전혀 경험이 없다면, 하루의 일과와 손님맞이 시뮬레
이션을 친구나 가족에게 부탁해서 연습해 두면, 조금 더 편안한 상태

로 오픈 일을 맞이할 수 있다.

오프라인매장이 주는 행복

2011년 11월 15일, 오야츠잡화점이 드디어 오
픈을 했다. 예전부터 이벤트에 와주신 분들이나
같은 동네의 안경점 사장님, 비슷한 매장을 운영
하는 친구들이 구경하러 와주셔서 개점시간부터
저녁까지 북적북적한 하루를 보낼 수 있었다. 카
페에 비치했던 전단지를 손에 들고 오픈날에 꼭
가야지하고 생각했던 손님이

"가쓰라에 이런 매장이 생겨서 정말 기뻐요!"

하고 말씀해주셨다. 손님 중에선

"근처 다른 매장에 이 엽서를 놓아달라고 부탁할게요."

"아파트 알림판에 이 엽서를 붙여 놓을게요."

"잘 부탁드리겠습니다!"

많은 분들이 나서서 홍보를 도와주겠다고 얘기해주었다. 그리고 그
호의를 받아들여 남은 오픈안내 엽서를 건넸다.

그 후 수개월 동안은

"그냥 집에 엽서가 있길래 와 봤어요."

하는 사람들의 방문이 이어졌다. 분명 그 때 와주신 분들이 홍보를
해주셨구나. 정말 감사합니다….

그 후에도 친절한 주변 분들의 도움 덕분에 손님이 없거나 매출이
없는 날은 거의 없었다.

제 4 장

매장을 계속
운영해가기 위해서

제4장 매장을 계속 운영해가기 위해서

11월 오픈 이후 3개월이 지났다. 한차례 손님들이 다녀갔고, 눈이 온 날이 많아져서 손님이 줄어들자 초조해지기 시작했다. 매출이 떨어지면 기분도 우울해진다. 그 때 지역의 한 잡지사로부터 연락이 왔다. 오야츠잡화점이 있는 가쓰라 지역 특집을 기획한다는 소식이었다. 잡지의 발매 예정일은 연휴가 걸쳐있는 골든위크 직전. 좋은 기회다! 라는 생각은 들었지만 잡지에 실리는 걸로 끝나지 않게 계획을 면밀하게 세우지 않으면 매장을 계속 운영해나갈 수 없을지도 모른다고 생각했다.

낮 시간대에는 유동인구가 적어지는 주택가에 매장을 열었기 때문에 "이런 곳에 매장을 열다니 어지간히 자신이 있나 봐요."

라는 말은 들은 적이 있지만, 매장을 성공시킬 자신 같은 건 당초부터 없었다. 있다고 한다면 '살아갈 자신' 정도였다.

늘 생각했던 것은 매장을 유지해 나갈 수 있는 방법은 하나가 아니기 때문에 진정으로 어떻게든 하고자 한다면 분명 길은 있다는 것이다. 이런 저런 방법, 내가 가진 모든 능력을 발휘하여 경영하게 되었다.

4.1 매장 PR

매장을 알릴 수 있는 계기 만들기

봄을 맞아 매장에서 특집을 기획하기로 했다. 주제는 '꽃을 테마로

한 잡화들과 귀여운 오야츠'였다.

나도 모르게 원하게 되고, 받으면 소장하고 싶은 마음이 들게 하는 엽서모양의 전단지를 만들면 줄곧 집에 장식해두지 않을까? 꽃을 테마로 한 잡화와 함께 마치 잡화같이 귀여운 오야츠를 함께 판매할 생각으로 인기 있는 파티쉐에게 과자를 구워달라고 의뢰했다.

그리고 기대했던 대로, 이벤트 첫 날에는 손님이 많이 와주었다. 방문객은 두 배로 늘었고, 매출도 오픈 당시의 두 배가 되었다. 골든위크에는 종이잡화 특집전을 열었다. 잡지 게재와 재방문 고객으로 손님은 더 늘어났다.

이 시기에 근처 지역 사람들에게 매장이 오픈했음을 알리는 신문 전단지 광고도 배포했다. 유료로 광고를 한 것은 이때가 처음이었다. 신문 전단지는 어느 지역에 배부할지를 세부적으로 선택할 수 있기 때문에 매장에서 도보 혹은 자전거로 가볍게 방문할 수 있는 지역으로 한정했다.

신문 전단지 광고는 잡지 독자층이나 인터넷을 주로 이용하는 세대보다 높은 연령층의 고객에게 매장을 알릴 수 있다.

이 외에도 길거리에서 전단지를 나눠 주기도 했는데 역무원이나 순찰하는 사람들이 제지하기 때문에 추천하고 싶지는 않는 방법이다. 하지만 신문 전단지와 달리 전단지를 받는 사람들의 연령이나 분위기를 보고 건넬 수 있기 때문에 확실히 방문객은 많아진다.

지금은 이벤트 때마다 만드는 엽서 이외에 반 년간 스케줄도 함께 배부하고 있다. 어떤 형태로 정보를 전달하는 것이 좋을지, 지금도 연구와 개선을 계속하고 있다.

이벤트 안내
엽서로 사용할 수 있는 크기

스케줄
2번 접어서 엽서 크기

신문 전단지 광고
보기 편한 A4 크기

SNS 활용하기

유동인구가 적은 곳에 매장이 자리 잡고 있기 때문에 방문해 주신 손님을 대상으로 매장에서 건네는 전단지 외에 정보를 발신하기 위한 SNS는 빼놓을 수 없는 광고 수단이다. 지금은 페이스북과 트위터를 활용하고 있다. 각각 회원 등록을 하고 블로그에 포스팅하면 자동으로 연동되도록 설정해 놓았다. 실제로 업로드하는 것은 블로그뿐이기 때문에 별다른 수고스러운 것은 없고, 한눈에 정보를 볼 수 있어서 아주 편리하다.

"어떻게 알고 오셨어요?"

"트위터를 보고 왔어요!"

처음 오신 것 같아 보이는 손님에게는 어떻게 우리 매장을 알고 왔는지 물어보고 있다. 친구 소개 다음으로 많은 것이 SNS를 보고 와주신 분들이다. 이렇게 오야츠잡화점을 방문하는 방법은 매장에 직접 오는 방법 하나뿐이라고는 생각하지 않기 때문에 수제품 제작자 분들에게도 아직 작업 중인 작품이 어떤 상품인지 미리 알려달라고 요청하고 있다. 상품의 입고보다 조금 더 일찍 블로그나 SNS로 상품 정보를 슬며시 제공하는 것이 중요하다.

온라인 쇼핑몰만 운영할 때에는 블로그의 댓글을 통해 손님과 커뮤니케이션을 했었지만, 스팸이나 장난스런 글 등이 많아서 지금은 댓글 기능을 사용하지 않고 있다. 지금은 페이스북이나 트위터로 손님과 소통한다. 사진과 코멘트를 둘 다 즐기는 사람들은 페이스북을 하고, 사진을 중시하는 사람들은 인스타그램을, 코멘트에 강한 사람이나 1:1 커뮤니케이션을 중시하는 사람들은 트위터를 한다. 사용자들의 취향이 각각 다르기 때문에 그것에 맞는 활용법을 선택하면 된다. 앞으로도 활용할 수 있는 SNS 플랫폼은 늘려나갈 생각이다.

4.2 매장의 팬 만들기

언제나 산뜻한 매장

'꽃을 테마로 한 잡화들과 귀여운 오야츠' 이벤트 이후, 계속해서 매장의 특집을 기획했다. 거의 모든 상품의 2/3를 특집을 통해 교체하기로 했다.

개점 2주년 때부터 매년 오픈 기념일 이벤트로 교토의 오미야게(선물)를 선보이는 「교토 아트 미야게전」을 개최하고 있다. '미야게전'의 '전(てん)'은 '전시의 전(展)'과 '매장의 점(店)'의 일본어 발음이 같은 점에 착안해 일부러 히라가나로 표시하고 있다.

'음… 그렇구나 진짜 괜찮네…' 하고 나 자신도 감탄하게 되는 작품이 매장에 진열되어 대성공으로 끝났다. 그 달의 목표액보다도 10% 이상 매출이 올랐고, 전년 동기 대비 180%나 증가하였다.

사실 1주년 때에는 매장 이름을 딴 '오야츠 모티브 잡화' 특집을 열었었다. 왜냐하면 이전 기간한정 매장 특집 기간에 이벤트의 평판이 좋아 매출도 괜찮았기 때문이었다. 하지만 매출은 많은 방문객에도 기대했던 것만큼 많지는 않았다.

인기 있었던 특집도 완전히 같은 것을 반복하면 매출이나 방문객 숫자는 떨어진다. 같은 특집을 열 때에는 반드시 업그레이드해서 열지 않으면 손님도 굳이 방문할 필요를 느끼지 못하는 것 같다. 방문의 계기가 되는 마음의 문을 많이 만들어, 손님이

'이건 열리는 기간에 꼭 가야지, 안 가면 손해야.' 라고 생각이 들 정도가 되면 좋을 것이다. 길어도 한달 이상 같은 특집을 계속하는 경우는 없기 때문에,

'우와~ 한동안 안 왔더니 완전 새로운 상품들로 다 바뀌었네.' 라는 말을 들으면 정말 기쁘다.

교토 타워 및 별사탕, 생야츠바시(교토 특산과자) 등
일본과자를 모티프로 한 잡화가 인기

판매 계획 세우기

등산할 때 필요한 것은 등산계획, 나침반과 같은 필수품이다. 만일에 대비한 비상식, 겨울에는 여름의 경우와 소지품도 다르다. 매장을 운영하는 것도 마찬가지인 것 같다. 취미로 매장을 시작한다면 가벼운 하이킹 기분으로 운영해도 된다. 하지만 매장 운영에 생활이 걸려 있다면 조난당하지 않도록 충분히 준비하고 계획할 필요가 있다.

연간 스케줄을 세우고, 크리스마스에는 선물용으로 좋은 상품이 준비되어 있어야 한다. 그런 매장을 만들려면 언제, 무엇을, 어느 타이밍에 주문해야 하는지 스케줄을 꼼꼼하게 세우다 보면 자연스럽게 알게 된다. 1년이라는 시간을 큰 산이라고 생각하면 정신이 아득해지기 때문에 달이나 계절을 하나의 산이라고 생각하면 좋을 것 같다.

판매 스케줄

月	1	2	3	4	5	6
사회 행사	설날 및 성인식	발렌타인데이	화이트데이 히나마츠리 (여자아이의 무병장수와 행복을 기원하는 전통 축제)	꽃구경 새로운 생활의 시작	어버이날	장마

잡화소재

봄 제품 입하
무명 / 레이스 / 거즈

여름 제품 입하
마 / 유리 / 바구니

기획 포인트

1~2月 축하도 가고 싶다고 생각하게 하는 계기 만들기

3~4月 멋지게 꾸미고 싶다 설레는 마음에 대응

5月 골든위크는 가족 및 친구와 가고 싶어지는 이벤트

6月 불안정한 날씨를 맑고 즐겁게

7	8	9	10	11	12
칠현칠석 여름방학	하나비 (불꽃축제)	추석	할로윈 독서의 계절	문화의 날 단풍	크리스마스 연말

설날용 잡화
털 / 펠트 / 울

가을 제품 입하
나무 / 나무 열매 / 가죽

겨울 제품 입하
크리스마스

7~8月
지역 축제

9月
연휴를 어떻게 보낼가를 생각해서

12月 선물하고 싶은 물건

10~11月
갑자기 기온이 떨어지는 때, 무엇을 하고 싶은지, 무엇을 원하는지

사람이 모인다는 것

사람은 사람들이 많이 모이는 곳에 가고 싶어 하는 습성이 있는 건 아닐까…. 어린 시절 '모여라~' 라고 소리치며 무리지어 놀고 있는 사람들 안에 들어가는 듯한…

어른이 되어도 같은 느낌. 사람이 즐거워 보이면, '모여라~' 처럼 그 매장에 가보고 싶어진다.

페이스북에서 곧잘 친구나 아는 손님 등 사람들이 모여서 찍은 사진을 보게 되는데, 매장 홍보로도 효과적인 방법이다. 단, 타인의 사진을 웹사이트에 올릴 때에는 사전에 양해를 구해야 한다.

또한, 예를 들어 손님이 오지 않아도 '한가해요' 등의 내용을 트위터 같은 곳에 올리면 역효과를 낼 수도 있다.

사람이 모이는 곳에는 이유가 있다.

사람 – 사람들이 모여 있는 곳, 친구가 좋다고 한 곳, 사람들을 만날 수 있는 곳.

물건 – 좋은 물건을 파는 곳, 그 곳이 아니면 살 수 없는 곳.

장소 – 있으면 편해지는 곳, 꿈이 있는 곳, 마음이 쉴 수 있는 곳.

마음 – 지금의 나에게 플러스가 되는, 도움이 되는, 감동이 있는 곳.

이 네 가지를 염두에 두고 매장을 만들어 간다면, 사람은 자연스럽게 모이게 된다고, 이 글을 쓰며 다시금 생각한다.

스탬프 카드

자주 오시는 분들에게 뭔가 보답을 하고 싶다. 어디 가는 길에 들르는 것이 아니라 일부러 매장에 찾아오셔서 상품을 사주시는 손님께 정말 별 것 아니더라도

'오길 잘했어.'

'완전 운 좋은데?'

'기쁘다!'

라는 기분이 들었으면 하는 마음으로 시작한 것이 포인트 카드 서비스였다.

나 자신도 자주 가는 빵집 스탬프는 좀처럼 모으기 쉽지 않지만 갈 때마다 꼬박꼬박 스탬프를 받고 있다.

왼쪽이 구매 금액에 따른 스탬프를 찍는 칸, 오른쪽이 에코 스탬프를 찍는 칸으로, 구매 시에 '봉투는 필요 없습니다.' 라고 알려주시는 손님에게 찍어준다. 이것은 단골손님들 사이에서는 「출석카드」로 불리고 있다.

카운터에서 '출석체크 할게요.' 하면 '네~!' 하고 카드를 꺼낸다.

스탬프를 다 찍었다고 해서 엄청난 혜택이 있는 건 아니지만, 찍을 때마다 감사의 마음으로 가득하다.

스탬프 카드를 꺼낸다는 것 자체가 우리 매장에 두 번 이상 와주셨다는 것이기 때문이다.

처음 오신 분인지 늘 와주시는 분인지를 한 눈에 알 수 있어서 매장 입장에서는

"처음 오셨네요!"

"늘 감사하게 생각하고 있습니다!'

하고 말을 걸 수 있는 수단이 되기도 한다.

스탬프 카드의 장점은 와주시는 분들에게는 즐거움일 뿐만 아니라, 지갑에 넣어두게 되면 몇 번이고 우리 매장을 다시 떠올릴 수 있다는 점이다. 스탬프 카드를 보고

'아, 요즘 통 안갔네… 좀 들러볼까?' 라고 생각해 주는 손님이 있다면 그걸로 충분히 가치가 있는 것이다.

왼쪽은 쇼핑 스탬프

오른쪽은 에코 스탬프

느낌이 같은 사람들 만나기

앞으로 내가 하고 싶은 것은 손님이라든지 수제품 제작자라든지, 근처 사람이라든지 먼 곳의 사람들이라든지, 연령이나 성별이라든지,

이런 것들과는 상관없이 느낌이 같은 사람들을 계속해서 만나고 되는 것이다.

그림책 및 아동서 전문점 「에혼관」 점주인 하나다씨가 어떤 손님에게 이런 이야기를 듣고 기뻤다는 이야기를 해주었다.

손님이 원하는 책을 주문해서 받는데 수일이 걸리는 것을 고려해서 손님에게

"급하신 책이라면 다른 곳에서 구매하셔도 됩니다."라고 배려해 애기했더니

"아니요, 전 이 서점에서 사고 싶어요."라고 했다고.

이것은 단순히 물건이 아니라 점주와 손님 간에 신뢰관계가 있다는 증거이다. '다른 누구도 아닌 그 사람한테 사고 싶다.' 이러한 욕구는 요즘 점점 확대되어 가는 것 같다. 그렇게 함으로써 손님과 점주 모두가 기쁜 마음을 느낄 수 있다. 돈을 주고 구입함으로써 물건은 손에 들어오지만, 그 이상의 따뜻한 마음도 함께 얻게 된다.

그 손님은 분명 하나다씨나 「에혼관」이라는 장소를 좋아하는 것으로 생각할 수 있다. 그렇게 말하는 나도, 그림책은 곧잘 「에혼관」에서 산다. 그건 하나다 씨나 종업원들이 어떤 마음으로 그림책을 판매하고 있는지 알고 있기 때문이다. 그건 아마도 사람들마다 소중하다고 여기는 것은 같기 때문이 아닐까라고 생각한다.

4.3 지역 커뮤니티와의 연결

근처 이웃과의 연결

깜박하고 간판을 안에 들여놓지 못한 적이 있었는데, 다음날 아침에 간판을 내놓으려고 봤더니

'간판이 없어졌다!' 하고 당황한 적이 있었다. 주변 매장들을 돌며 물어보기도 하고 경찰에도 신고했다.

"매장의 위치가 어떻게 되나요?"

"전철 노선이 지나는 길에서 조금 들어간 곳에 있는 잡화점이에요."

"아! 알아요. 주택가에 있는 그거 맞죠?"

경찰관이 우리 매장을 알고 있었을 때는 기뻤다. 나중에 근처 맨션의 자전거 보관소에서 찾을 수 있었다. 찾아서 정말 다행이다~!

손님 자전거나 오토바이를 작은 매장 앞에 빽빽이 세워도 자전거는 5대, 오토바이는 2대 정도가 한계이다. 그래서 주변에 알고 지내는 집 앞마당에 주차를 할 수 있겠냐고 부탁해서 가끔씩 신세를 지고 있다. 전에는 잘 모르고 다른 집 앞에 세우는 손님들도 있었지만, 근처 주민들과 친분이 쌓이면서 다행히 문제는 해결됐다. 피해가 가지 않도록 사전에 배려하고 있다.

이사 후, 1년이 지나면서 마을의 일을 맡는 위원을 되었고, 3년이 지나면서 아이가 다니는 학교에서 어머니회 간부를 맡게 되었다. 그런 역할을 맡게 되면 때로는 힘든 일들도 있었지만 그 일을 하면서 안면을 트고 지냈던 분들이 우리 매장을 방문해 주시는 경우도 있었다. 내가 맡은 역할을 충분히 즐기면서 할 수 있었다.

근처 매장들과의 연결

막 이사를 왔을 때는 근처에 아는 사람이 없었던 나를 위해 이전부터 알고 지내왔었고 고베의 갤러리카페「toiro」를 운영하는 지인 다베 씨가 교토의 화과자점「나카무라켄」에서 일하고 있는 친구들을 데리고 오야츠잡화점을 방문해주었다.「나카무라켄」은 오야츠잡화점과 같은 학군에 있는 노상점포로 1883년 창업했다. 그 친구가「나카무라켄」의 사장님과 그 바로 옆에서 아들이 운영하는 메밀소바 매장「류헤이소바」를 소개시켜 주셨다. 그 사장님은

"우리 매장에 광고 전단지를 놔줄게요."

"전통 있는 매장에… 놓아도 폐가 안 될까요?"

덕분에 그 이후에 매장에 광고 전단지를 비치하거나,「류헤이소바」에서는 소바로 구운 과자를 만들어 우리 매장에서 판매하는 등, 지금도 좋은 관계를 유지하고 있다.

나라(奈良)에 갔을 때, 우연히 들른 카페「tubu」. 마음이 편해지는 공간에 맛있는 스콘과 커피가 너무 마음에 들었다. 싹싹하고 상냥한 오너인 미무라 씨에게 오야츠잡화점의 전단지를 놓아 주십사 우물쭈물 부탁을 했더니

"친구가 가쓰라에 살아요! 소개할게요.~"

하고 그 이후에 문자를 주고받았다.

그 친구들은 가쓰라의 황실유적지에서 향을 만들어 파는「텐코당」을 운영하고 있었다. 들러서 인사를 했더니, 나중에는 가족과 함께 오야츠잡화점을 방문해주었다.

"정말 두근두근 설레는 매장이에요! 또 들릴게요."

하고 오쿠 사장님이 말씀해 주셨다. 그 후에 오야츠잡화점에서 열었던 「교토 아트 미야게전」에서도 판매할 향을 제작해 주시는 등 좋은 관계를 이어가고 있다. 소소하게 다른 점포와 연결해가면서 하나하나 넓혀가는 건 본인하기 나름인 것 같다.

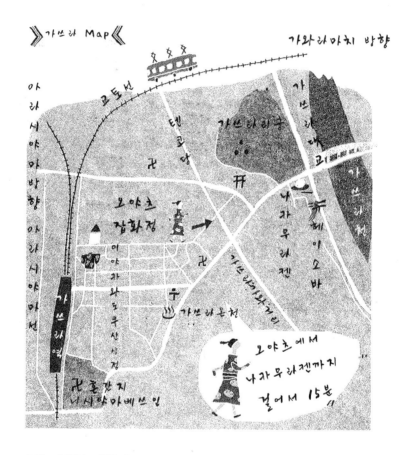

지역 이벤트 만들기

누군가가 소개해주면 곧바로 인사하러 갔다. 이러한 일을 반복하던 중, 이번엔 1929년에 문을 연 대중목욕탕 「가쓰라온천」을 소개 받았다.

'목욕탕에도 인사하러 가야 되나?' 하고 자문하면서도, 손님이

"그 목욕탕, 탈의실이 복고풍이라 엄청 귀여워요!"

하는 이야기를 듣고 가보고 싶은 마음이 생기기도 했다. 아이와 함께 목욕하러 가서 주인인 무라타니씨 부부에게 인사했다.

그 곳에서 자연스럽게 인연을 맺은 후 그 지역을 사랑하는 사람들에게 「가쓰라 빌리지 페스타」라는 새로운 축제를 열자고 설득하였다. 한큐 가쓰라역 바로 근처에 「혼간지 니시야마벳쓰인」이라는 절이 있다. 그 절 전체를 하루 동안 빌려서

'지역주민과 매장 상인들이 서로 잘 알 수 있는 기회를 만들자!' 라는 취지로 앤티크 기모노를 취급하는 「마야가와토쿠사부로」의 주인인 미야가와 씨의 아이디어로 활동을 시작했다. 절에서도 '사람들이 편안한 마음으로 절을 방문할 수 있었으면' 하는 바람이 있었던 터라 시기가 좋았던 것도 있었다.

미야가와 씨의 생각에 의견을 같이하여 모인 실행위원 구성원들이 매우 좋았다. 일, 학군, 동네 등 지금까지 내가 활동했던 곳들과는 전혀 다른 그룹이었다. 눈앞의 이익이 아닌 좀 더 미래지향적으로 생각하고 스스로 움직이는 사람들.

절 경내를 구역별로 나누어 내가 담당하는 핸드메이드 및 워크샵 구역 외에도, 음악을 중심으로 한 메인 스테이지, 일반인들이 참가해 판매할 수 있는 중고 책 벼룩시장, 음식을 즐길 수 있는 부스까지 다양하게 구성했다.

절 본당 안에는 그림책 전시, 구연동화를 읽어주는 장소를 마련하는 등 아이들을 위한 공간도 마련됐다.

오야츠잡화점과 주부로서의 가사노동에 축제 준비까지 더해져 머릿속은 터지기 직전이었지만, 축제 당일은 1,500명 이상의 사람들이 찾아와 대성황을 이루어서 마음이 뿌듯했다. 다음 해에는 2,000명이나 방문했다.

이 「가쓰라 빌리지 페스타」는 니시쿄구의 지역지원 사업의 일환으로 시작된 것이었다. 하지만 보조금은 3년까지만 지급되므로 3년후에는 다른 자치단체나 기업이 제공하는 지원을 받거나, 축제를 통해 수익을 내서 다음 축제를 준비할 수 있도록 운영비용을 모을 지혜가 필요했다. 계속하면 할수록 해결해야 할 숙제들이 점점 늘어나 힘들어질 때도 있지만 함께할 수 있는 동료들이 있어서 이겨낼 수 있었다.

암호는 「가쓰라」

2016년 「책과 종이」라는 이벤트 기간 중에 재미있는 만남이 있었다.

"좋은 매장이네요."

한 남자 손님이 힘차게 말을 걸어주셨다. 들어보니 이 이벤트 전단지를 다른 매장에서 얻었다고 했다.

"실은 이 근처에 본가가 있어서요, 가끔 이 근처에 오거든요. 이런 매장이 있는 줄은 몰랐어요."

전단지의 매장 주소를 보고 '뭐지?' 하는 생각에 집에 도착해서 검색해보니 매장 주인이 책을 출판했다는 사실도 알게 되어 그 책을 읽어보고 매장에 와준 것이었다. 겨우 1장의 전단지 종잇조각이 이렇게 굉장한 만남으로 이어지다니. 책 제목은 〈카나리아수첩, 작은 잡화점을 만드는 법〉으로, 내가 오사카에서 매장을 경영했을 때의 경험을 바탕으로 쓴 책이다.

"책, 재미있었어요."

"와아, 기쁘네요. 정말 고맙습니다."

서로 이야기를 나누면서 같이 아는 사람이 있다는 것도 알게 되었다.

"저 이사 오고 나서, 이곳이 너무 좋아졌어요."

"다행입니다! 가쓰라, 좋은 곳이죠. 저도 지금 살고 있는 오사카를 떠나 가쓰라로 다시 돌아오고 싶어요."

이 지역이기 때문에 연결되는 만남은 또 다른 인연으로 이어진다. 그것은 마치 「가쓰라」라는 열쇠말로 설명되는, 만날 수밖에 없는 운명의 인연들이라는 생각이 들었다.

아무도 아는 사람이 없는, 아무것도 모르는 마을이었던 가쓰라. 지금은 매장에서 한발만 나가도 아는 사람들과 얼굴을 마주보고 인사를 나눈다.

'이 동네 간식과 식사 정보는 나에게 물어보면 된다.' 라고 말 할 수 있을 정도가 되었다.

이곳에 뿌리를 내리고 일하고 살 수 있게 되어 매우 기쁘다. 지역 사람들의 네트워크는 매장을 계속해 나가는데 큰 힘이 된다.

4.4 오래 계속하려면 마음가짐이 중요하다

내 자신이 바로 상품

가쓰라에 매장을 열고 난 후, 나의 정보 발신 방법에 의문을 갖게 되었다.

'항상 블로그에 글을 올리고 있지만 이대로 괜찮은 걸까…'

내가 올리고 있는 것은 아이에 관한 것과 오늘 먹은 맛있는 과자에 관한 것, 가끔은 상품에 관한 것이다. 하지만 내가 아이가 없었을 때에는 다른 사람 블로그를 보면서

'이 사람은 블로그에 아이 얘기만 잔뜩 써놨네.' 라는 생각이 들면서 자연스레 읽지 않게 된 것이 생각났다. 분명히 아이에 대한 이야기를 불편하게 생각하는 사람도 있겠지… 그렇게 생각하기 시작하자, 무언가를 쓰려고 할 때마다

'이런 내용 써도 되나…' 하는 생각이 들어 블로그에도 페이스북에도 아무것도 쓸 수가 없게 되었다. 매일 상품소개만 무난하게 쓰고 마무리.

그리고 이 책을 집필하는 도중에 문득 깨달았다.

'이대로는 안 되겠어. 재미없는 블로그가 되어 버렸어…'

방문자 수도 줄어들기 시작해, 오픈 당시의 2/3 수준이 되었다. 싫어하는 사람이 있어서는 안 된다는 생각을 하자, 개성이 없는 문장이 되어 버렸다. 누군가로부터 호감을 사려고 의도하지 않아도 된다. 있는 그대로의 나에게 공감해주는 사람들만 읽어주면 그걸로 충분해. 그렇게 생각하자 다시 글을 쓸 수 있게 되었다.

오프라인매장에서도 온라인 쇼핑몰에서도 주인 및 종업원의 성격이나 개성이 상품이 된다. 그 점이 바로 대형 매장들을 이길 수 있는 큰 매력이 된다고 생각한다. 앞부분에 블로그를 개설하는 부분에서도 썼듯이 영업이란 먼저 '공감을 얻는 것' 이기 때문이다.

망상수첩 만들기

연말에는 디자이너 가토 씨가 만든 로리타 계열의 패션브랜드「피지컬드롭」의 옷을 판매하는 것이 연중행사처럼 되어버렸다.

오야츠잡화점과 로리타. 지금까지 한번도 생각해본 적이 없었던 조합. 하지만 가토 씨를 만나고 나서 로리타 계열의 옷에 대한 개념이 완전히 바뀌었다. 여러 가지로 활용해서 입을 수 있는, 보통의 양복에 포인트로 입을 수 있는 간편함을 느낄 수 있었다. 가토 씨가 보여주는 옷들은 모두 훌륭했다. 장르를 뛰어 넘어 많은 사람들에게 꼭 소개해 주고 싶은 생각이 들었다. 디자인, 제작, 판매까지 1인 3역이 가능한 사람. 물건을 만들면서 판매한다는 것은 정말 어려운 일인데 가토 씨는 이를 해내는 분이어서 존경하게 된다.

그런 가토 씨가

"내년에는 망상수첩을 만들 거예요."

하고 슬며시 말을 꺼냈다. 망상이라는 말을 듣고 가만있을 수는 없었다. 내 망상의 역사도 꽤나 길다.

"평소에 이런 거 하고 싶다~ 하는 생각이 들어도 금방 잊게 되니까, 망상은 망상끼리 모아두고 싶어서요."

"그거 좋은 생각이예요! 나도 평소 다이어리에 이런저런 망상을 적는데, 어디에 적었는지 다 잊어버리니까. 다시 찾아서 읽어보지도 않아서. 그래, 망상만 따로 적어두면 되겠다…. 저도 따라 해도 돼나요?"

"물론이지요~"

망상수첩은 개그맨의 개그 아이디어 수첩이나, 화가의 스케치북과 같은 것이다. 이 수첩을 나중에 다시 펼쳐보면 새로운 의욕이 샘솟는다. 망상수첩에 적혀있는 아이디어를 참고해 판매계획을 세울 때도 많다.

목표는 하루 한 개의 망상!?
쓴 내용이 실제 이벤트에
활용되는 경우도 많다.

전하고 싶은 것

한 가지 소중한 것은, 손님에게 가격 이상의 것을 지속적으로 제공하는 것이다. 이것은 손님이 '이득을 봤다.' 라고 느끼게 하는 것이라고 생각한다. 그것이 매출로 이어진다.

클릭 한번으로 원하는 상품이 주문 다음날 바로 집에 도착하는 시대가 되었다. 원하는 정보도 신속히 찾을 수 있다. 많은 대형 매장들이 있는 가운데, 일부러 오야츠잡화점에서 구입하는 것이기 때문에, 클릭으로는 절대로 얻을 수 없는 무엇인가를 제공해야 한다고 생각한다. 그래서 내 머릿속엔 언제나

'어떻게 하면 오야츠잡화점이 사람들에게 도움이 될 수 있을까.' 하는 생각으로 가득하다.

어쩌다 보니 나는 잡화점이라는 형태의, 물건을 판매하는 방식으로 시작했지만, 결국은 어떤 접근법이든 상관없다고 생각한다. 그래서 이 책도, 누군가가 앞으로 도움이 될 수 있도록 쓰려고 하고 있다.

"큰 매장에 가봤자 힘들기만 하고, 모처럼 쉬는 날이어서 와봤어요. 여기는 정말 마음속의 오야츠라는 느낌이 들어요."

손님의 이런 말 한마디 한마디가 내 마음 속에 모두 녹음된 것처럼 남아있다. 모처럼 준비한 이벤트가 실패했을 때에도, 며칠이나 매상이 좋지 않아서 우울해질 때에도, 마음 속 재생버튼을 눌러 듣고는 한다.

티 나지 않는 배려

가끔씩 고용하는 종업원들에게 부탁하는 것이 있다.

"어서오세요! 라는 인사는 안 해도 괜찮아요."

들어오는 손님한테 '어서오세요! 라고 안 하는 매장이 있어? 라고 생각할지 모르지만, 그 대신 나는

'안녕하세요! 라고 웃으면서 눈을 바라보고 말을 거세요.' 라고 부탁한다.

미소는 사람을 안심시키는 힘이 있다.

정확히 말하면 "어서오세요!" 라고 해도 좋지만, "안녕하세요!" 를 더 우선시해달라고 한다.

친구가 바쁜 와중에 시간을 내어 우리 집에 와주었을 때 우리는 "안녕, 와줘서 고마워." 라고 하지 않은가?

한번은 실수해서 당황한 적이 있는데, 길이가 긴 블라우스를 입은 손님을 보고 임산부라 생각해서 그만

"임신 중이세요? 짐이 무거우면 여기에 맡아두시면 어떨까요?" 하고 말을 걸었던 적이 있다.

"아니에요!"

쓸데없는 말을 해버렸다. 죄송합니다…

작은 잡화도 많아 매장 내에 쇼핑바구니를 준비해놓았다. 상품을 몇 개 골라 손에 들고 있는 손님에게는 슬쩍 가서 바구니를 전하고, 깨지기 쉬운 상품을 들고 있는 분께는 일단 카운터에 보관한다고 받아오고, 무거워 보이는 짐을 든 손님은 매장 뒤편에 짐을 보관할 수 있게 하는 등, 작은 배려를 잊지 않도록 하고 있다.

손님을 너무 빤히 쳐다보면 물건을 고르기가 힘드니, 안 보는 척하면서 손님을 살피는 적당한 시선도 은근히 어렵다.

감동 전하기

"추천해주신 거, 정말 쓰기 편리해요."

다시 방문해주신 손님이 실제로 써보고 애용해주신다고, 마음에 든다고 말해주면 정말로 기쁘다.

"상품제작자한테 꼭 전할게요!"

손님이 해준 이야기들은 나에게도 제작자에게도 최고의 선물이다.

판매하는 모든 상품은 자신 있게 추천할 수 있는 것들이다. 손에 쥐어보고, 사용해보고, 먹어보고 정말로 감동한 상품들만 취급하고 있기 때문이다.

상품에 설명을 해놓은 것도 있지만, 그걸로 전하고 싶은 모든 것을 전할 수는 없다. 흥미를 가진 분이 있다면 모습을 살피면서, 거부감이 들지 않을 정도의 설명을 한다.

글 쓰는 걸 좋아해서, 블로그나 페이스북에 나도 모르게 이것저것 쓰게 된다. 신경 쓰지 않으면 손님이 계산할 때 빼고는 계속 글을 쓰게 되기도 하고… 영업이라는 건, 매장의 손님을 상대하는 것뿐만 아니라 판매하는 상품에 푹 빠져 상품의 장점은 물론, 자신의 마음이 움직인 그 순간을 진실 되게 전하는 일이 아닐까 생각한다.

매장 관리

매장을 열고 3년이 지나자 좀 더 좋은 환경으로 바꾸어 보고 싶다는 생각이 들었다. 매장 외관 중에 가장 마음에 들지 않았던 곳이 입구의 문이었다.

내가 탐탁치않게 생각하는 걸 알았는지 문을 닫게 해주는 스프링 부분이 고장 났다. 이어서 그에 답하듯 화장실 문의 손잡이까지 고장이 나버려서 서둘러 설계사에게 오셔서 한번 봐달라고 했다.

"매장 문을 교체하고 싶은데 어떻게 생각하세요?"

"문 보다는 여기에 보강용 금속으로 보완하는 게 좋을 것 같아요."

이 건물의 전 주인이 입구 쪽 데크 부분을 증축해서, 매입할 때 증축한 천막 부분이 조금 내려온다는 느낌을 받았던 것이 기억났다. 문도 열고 닫기 뻑뻑해진 것도 있어 요즘 잊고는 있었지만 분명 위험한 상태였다.

"보수공사 하는 수밖에 없나…"

마음이 조금 무거워졌지만 모처럼 공사를 하게 되었으니 그 금속을 이용해서 간판을 달면 훨씬 분위기가 좋아질 것 같다는 등, 칸막이처럼 되어 좋다는 등, 점점 아이디어가 늘어나서 굉장히 즐거워졌다.

매장 리뉴얼이라고 할 것까지는 아니지만 구조를 조금 바꾸고, 데크 쪽 천막을 바꾸고, 부분적으로 수선하는 건 중요한 일이다. 스스로는 눈치 채지 못하더라도 손님 입장에서는 초라하게 보일 수 있는 낡은 부분은 없는지 정기적으로 친구나 가족, 다른 업계 사람들의 객관적인 의견을 들어보는 것도 중요하다.

새로운 공간 만들기

보수공사를 하려던 참에, 태풍이 와서 교토 시가 직격탄을 맞았다. 가까운 곳에 흐르던 가쓰라 강의 물이 불어 피난권고가 내려졌다.

"엄마! 큰일났어! 물이 스며들고 있어!"

아이의 말에 가슴이 철렁.

2층 천장에서 물이 조금씩 새어 들어오고 있었다. 등골이 서늘했다.

어디서 새는 거지? 지붕? 외벽? 증축부분 연결부위? 이 집을 샀을 때에는 아무렇지도 않았는데…. 교토시 중심부에서도 가모 강이 범람해 침수된 곳들이 많았다.

'일단은 박스테이프라도 붙여야겠다.'

그리고 막대 걸레로 박스테이프를 올려놓고 천장에 대고 붙였다.

더 큰 문제는 문이 아니라 건물 자체가 위험한 상황이 되었다. 일각이라도 빨리 보수공사를 해야 했다. 1층뿐만 아니라 2층까지 해야 하다니!

하지만 이전부터 언젠가는 2층 다다미방을 개조해서 워크샵 등으로 활용할 수 있는, 사람이 모일 수 있는 공간으로 만들고 싶다고 생각하고 있었다. 원래는 아이가 크고 난 후인 10년 후 정도를 생각했지만, 생각치 않게 예정이 앞 당겨졌다고 생각하면 그만이다.

오랜만에 만난 친구가

"이번에 집 개조한다며? 대단하다. 잘 나가네~"

"비가 새서 어쩔 수 없이 하는 거야…"하면 모두 고개를 끄덕이며

"음…. 그러면 빨리 해야겠네." 라는 반응으로 바뀌었다. 그리고 2016년 4월, 새로운 공간이 만들어졌고 교실이나 좌담회 등도 개최할 수 있게 되었다.

2층 다다미방은 공예 및 카메라, 직물교실 등을 위한 공간일 뿐만 아니라, 수제품 제작자와 손님들의 교류의 장으로도 활용되고 있다.

제 5
장

아이와 함께

제5장 아이와 함께

아이를 낳기 전에는 머릿속에 일 생각만으로 꽉 차 있었기 때문에, 아이를 낳아도 금방 다시 일을 할 수 있을 거라고 생각해 계획을 짜두었다. 하지만 실제로는 아이를 낳는데 너무 많은 힘을 써버려 출산 후 한달이 될 때까지도 혼자서 일어서기조차 힘들 정도로 누워만 있었다.

"이렇게 끝나는 건가?"

게다가 자나 깨나 아이는 울어댄다. 젖 줘, 나랑 놀아줘 하면서 운다. 거의 계속 운다고 보면 된다.

"아기는 원래 이렇게 계속 우는 거야?"

그러던 중 아이가 점점 야위어서 상담을 위해 조산원을 방문했다. 유선이 막혀서 젖이 나오지 않고 있다고 했다.

"젖이 막히기도 하는 거야?"

수유가 순조롭게 이루어져도 낮이건 밤이건 관계없이 아이에게 3시간마다 수유하는 것은 쉬운 일이 아니다. 게다가 수유에 문제가 생기자 "내 인생 = 수유"가 되어버렸다. 수유 경험이 없는 사람은 내가 너무 과장한다고 생각할 수도 있지만 몸도 마음도 모유 제조기로서만 활동하게 된다.

자신의 몸 일부로 사람 한 명을 만들고 아이에게 영양분을 주는 것은 많은 에너지를 필요로 하는 일이구나….

하지만 엄마가 된 후 내 생각은 크게 바뀌었다. 하나는, 아이는 어른이 무심코 지나치는 사소한 것에도 의문을 가지거나 신기하게 쳐다

본다는 것이다. 꽃이 얼마나 귀여운지, 벌레의 생태가 얼마나 재미있
는지, 말의 울림이 얼마나 즐거운지, 색깔이 얼마나 훌륭한지. 아이가
있으면 행동반경은 좁아지지만, 반경 100미터 이내라도 어떤 관점으
로 바라보느냐에 따라 감동의 세계가 펼쳐진다는 사실. 분명 예전에
내 자신이 어렸을 때에 느꼈을 그 느낌들이 다시 살아나는 것 같은 신
기한 감각이다.

　두 번째는 아이를 가진 엄마들의 심정을 알 수 있게 되었다는 점이
다. 당연한 것이겠지만 엄마가 되어보지 않으면 알 수 없는 것들이다.
옆에서 보면서 상상하는 것과는 전혀 다르다. 그건 나도 모르는 사이
에 조금씩 스며들어 손님을 상대하거나 상품을 고를 때, 이벤트를 기
획할 때 큰 영향을 미쳤다. 오야츠잡화점의 경영자로서, 손님으로서,
한 아이의 엄마로서… 등을 포함하여 종합적인 시야를 가지고 매장을

운영할 수 있게 되었다.

하루의 대부분은 정신없이 후딱 지나가 버리지만, 아이는 매일 착실하게 커가고, 그와 동시에 엄마로서의 자신에게도 익숙해져 간다. 조금씩 노력하면서 효율적으로 집중해서 일을 할 수 있게 되었다. 지금은 아이도 이벤트의 전단지 그림 제작이나 제작자와 콜라보 상품 출시에 도움이 주고 있는 등, "엄마 잡화점"이기 때문에 할 수 있는 즐거움으로 가득하다.

아이에게도 일하는 부모를 가까운 곳에서 보는 것은 좋은 사회경험이 된다고 생각한다. 일하는 즐거움, 그것은 돈이 오가는 것뿐만 아니라 감사를 서로 전하는 것이다. 자신이 한 일에 대해 기뻐해주는 사람이 있다는 것. 그래서 일을 안 할 수가 없다!

누군가에게 도움이 되는 사람이 되고 싶다는 마음은 모두가 태어나면서부터 지니고 있는 것이라고 생각한다. 내가 즐겁게 일하고 목표를 향해 살아가면, 아이도 일하고 싶다는 마음과 에너지를 조금씩 쌓아갈 것이다.

"간판 넣어둘게!"

매장 문을 닫을 시간이 되면 간판을 정리해 주는 아이의 모습을 보며 생각하곤 한다.

5.1 아이를 키우며 매장을 유지하려면

몸과 마음의 변화

지금 새삼 돌이켜보면, 임신했을 때부터 몸도 마음도 변화되기 시작했다는 생각이 든다. 호르몬밸런스가 엉망이 되고, 별 것도 아닌 일에 신경질적이 되고, 사람을 상대하는 것 자체가 피곤하다고 느낄 때가 있었다.

손님이 아이를 낳은 직후의 이야기를 해주신 적이 있었다. 친척분이 아이를 안으려고 했을 때,

'만지지마! 손은 잘 씻었어? 소독했어?' 라고.

'지금 생각하면 왜 그렇게까지 예민했는지 모르겠지만.' 하며 웃어넘겼지만, 그러한 마음의 상태로 아이를 낳고 곧바로 일에 대해 생각하는 건 고통일 뿐이었다.

출산 후 상황에 대해서는 개인차가 있겠지만, 여성이라면 이런 변화를 맞을 수밖에 없다.

그리고 갑자기 육아라는 숙제가 던져진다. 그 당황스러움과 압박감.

처음엔 아이가 자는 밤에 일을 하는 스타일을 유지했지만, 금세 몸이 힘들어졌다.

내 경우엔, 상품촬영을 해야 하는 낮 시간 동안만 친정엄마에게 아이를 맡겼다. 밤에 일하는 것은 포기하고 아이가 일어나기 전 새벽 시간에 일을 했다.

이를 때에는 새벽 3시 반에 일어나기도 했는데, 가족은 나를 보고
"물고기 잡으러 가니?"

라며 웃었지만, 그렇게라도 하지 않으면 시간을 낼 수가 없었다. 그 대신 아이가 낮잠을 자는 시간에는 같이 쉬었다.

'이 틈에 일을 해야지!' 하고 무리하면 또 몸이 힘들어져버린다.

처음 몇 년은 일을 하고 몸이 피곤하다는 것을 느끼는 일이 반복되었고, 스스로

'내가 왜 이러지' 싶었지만,

'아, 나 무리하고 있구나…' 하고 깨닫고는 자신을 위로하자 눈물이 쏟아졌다.

도움 받는 것도 중요한 일

아이가 초등학생이 되면서 평일에 할 일들은 오히려 늘어났다.

"학부모 참관일? 매달 있는 거야?"

"꼭 와줘야 해!"

아이의 활기 넘치는 애원에는 이길 수 없다.

하지만 영업일은 손님과 약속한 날이다. 내 사정으로 매장 문을 닫아도 되는 건가? 혼자서 매장을 운영하는 건 가능하지만 매일같이 매장을 보는 것은 어렵다.

그래서 브랜드 사토부(satoboo)의 제작자와 브랜드 식톡(cictoc)의 제작자에게 매장 일을 도와달라고 요청했다. 아르바이트가 아니라 내가 매장이라는 공간을 제공하고, 두 사람에게는 자신들의 작품 판매와 손님들과의 교류 장소로 활용할 수 있게 한 것이다. 그 시간에는 오야츠잡화점의 상품도 함께 판매해주는 식이다.

'아!, 토모 씨한테 부탁해볼까?

안심하고 매장을 맡길 수 있어서 정말 큰 도움이 되었다. 나에게 있어 그녀들의 존재 자체가 안심이 된다. 덕분에 개업 2년째부터는 임시휴업이 없어졌다.

마음먹기

마지막 손님이 돌아가고 영업을 끝낼 때가 되면 배는 엄청 고프고 몸은 피곤하다. 손님을 상대할 때는 보통 서 있기 때문에 좋아하는 일이라도 오후 6시가 되면 나름 힘들다.

그건 아이도 마찬가지여서 학교나 학원에서 돌아오면 녹초상태가 된다.

'아~ 피곤해.'

집에 오자마자 뒹굴뒹굴. 전에는 이럴 때 서로 여유가 없어 금세 말싸움이 시작됐지만, 아이가 혼자 씻을 수 있게 되면서부터는 집에 오면 먼저 씻으러 욕실로 들어간다. 따뜻한 물에 들어가면 기분도 편해지고 밖에서 묻은 때도 깨끗이 씻어낼 수 있다.

그리고 나는 요리를 할 때 음악을 튼다. 좋아하는 음악을 틀어놓고 요리를 하면, 피곤이 가시고 리드미컬해진다는 걸 알았다. 음악의 힘은 굉장하다. 피곤하고 예민한 상태에서 만드는 요리보다 노래를 부르며 즐거운 상태에서 만드는 요리가 분명 더 맛있을 것이다.

집중력의 비결

온라인 쇼핑몰을 운영할 때에는 일하는 곳과 생활하는 곳이 같아서 가사 전용 앞치마를 두르는 등 마음속의 기분 스위치가 켜지도록 여러 가지 시도를 했다.

오프라인매장을 연 후에도 일과 생활이 분리되지 않아, 매장에 있으면 자잘한 일들이 산처럼 쌓인다.

'오늘은 그거랑 이걸 우선 해야겠다.' 하고 머릿속에서 생각하다가도

'아! 벌써 시간이 이렇게!'

생각과는 전혀 다른 일을 할 때가 많다. 나도 모르게 하고 싶은 일이나 하기 쉬운 일부터 시작하게 되어 계획대로라면 그 시간에 해야 할 일을 시작도 못한다. 그리고 나서,

'뭐… 내일 하지 뭐.' 하고 쉽게 미루게 된다.

하지만 다음날이 되면 역시 똑같은 패턴이 반복되기 십상이다. 이런 식이면 시간이 아무리 지나도 일은 진척되지 않는다. 그래서 나는 '장소 바꾸기'로 마음가짐을 달리 하여 집중력을 높이려 하고 있다.

지금 내게 '서두를 필요는 없지만 중요한 일'은 과연 어떤 것일까? 사실 이러한 것들이 내 인생과 매장의 미래를 바꾸어 나간다.

매장 운영 이외의 것, 예를 들어 책을 쓰는 작업은 매장이 아니라 카페에서 했다. 일부러 밖에 나와서까지 쓸 필요가 있나 싶지만 집에서나 매장에서는 좀처럼 쓸 수가 없었다. 집에서는 한걸음 내디딜 때마다 할 일이 생긴다. 다려야 할 옷들, 청소기를 돌려야 할 거실. 매장에는 발송해야 할 짐들이나 답장해야 할 메일이 잔뜩 있어서 그것들이 쌓인 곳에서는 집중을 할 수가 없다.

건강이 중요하다 생각이 들면 헬스장에 다니며 체력을 강화했다. 헬스장에서는 주변 사람들 모두가 운동을 하기 때문에 나도 하게 된다.

한번에 집중할 수 있는 건 2시간 정도이므로, 어떤 일을 하던지 휴식을 취하면서 마음가짐을 새롭게 하는 방법을 스스로 익힐 필요가 있다.

하루의 작은 규칙

집안일에 대해서는 흔히 '대충'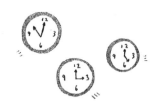
이라는 말을 사용하지만, 나는 이
말을 그다지 좋아하지는 않는다.
주부는 집안일에 있어서는 프로
라고 생각하기 때문에 계획적으
로 일을 해나가야 한다고 생각한다. 하루의 일을 대충대충 하는 것이
아니라 효율적으로 자기 나름의 규칙을 만들어 가는 것이 좋다고 생
각한다.

나는 '저녁식사는 20분 이내에 만들기'를 목표로 준비한다. 주간 메
뉴를 미리 생각해 두고 주요 식재료는 택배로 주문하거나 시간이 걸
리는 조림요리 같은 건 전날 밤에 미리 만들어 둔다.

집안일은 자잘한 일들의 연속이다. 내일 체육시간이 있는데 더러운
체육복이 굴러다닌 적도 있었다.

"내일 미술시간에 구부러지는 빨대가 필요해. 집에 있지?"

하고 밤 8시에 아이가 갑자기 말을 꺼내서 빨대를 찾으러 편의점을
돌아다닌 적도 있었다. 아이와 함께 있으면 거의 매일 크고 작은 해프
닝이 생긴다. 계획을 세워두면 예상에서 벗어난 일이 생겨도 당황하
지 않고 대처할 수 있다. 그래도 좀처럼 여유가 생기지는 않지만…

잘하지 못해도 괜찮아

규칙을 정했지만 지키지 못하는 날도 있다. 특히 엄마라면 늘 규칙
에 여유를 둘 것. 가정일도 큰맘 먹고 다른 사람에게 부탁하는 소위

대행서비스도 늘고 있다.

어떤 일이든 모두 자신이 하려고 하면 한계가 있고, 일에도 연간계획이 있듯이 집안일에도 주간계획이나 연간계획이 있다고 생각한다.

예를 들어 집안 일 중에 신경 쓰이는 일이 있다면 언제 할지 예정표에 적어 둔다.

그렇게 하면 한달 뒤에 할 일로 적어두었다 해도

'이건 한달 있다가 할 거니까 괜찮아.' 하고 생각할 수 있다. 하지만 해도 해도 끊임없이 해야 할 일이 생겨서

"꼭 해야 되는 일이 너무 많아서 엄마가 쓰러질 것 같아…"

하고 혼잣말을 했더니 이를 듣고 아이가

"엄마, 괜찮아. 초조해하지 않아도 돼. 살아있으면 꼭 내일이 오니까. 내일 하면 돼. 꼭 해야 한다고 생각하지는 마."

어디서 이런 걸 배웠는지. 그냥 생각이 난 건지, 아니면 내가 저런 말을 한 적이 있는 건지…

꼭 해야 한다고 생각하지 말기. 안 해도, 못해도 괜찮아. 모자란 엄마라도 아이는 나를 탓하지 않고 받아들여 주니까 말이다.

시간을 관리한다는 것

저녁을 먹은 후에는 간식시간.

간식은 8시까지로 미리 시간을 정했다.

휴대전화의 알람이 울리면 즐거운 시간은 끝.

"자 오늘은 여기까지!"

아무말없이 아이에게 빈 과자 상자를 건넨다. 그 상자 속에는 일과

를 마치고 집에 오면 해야 할 일이 적힌 카드가 빼곡히 들어 있다.

시간배분을 한다, 목욕을 한다, 이를 닦는다. 자기 전에 해야 할 일은 정해져 있기 때문에 그 항목이 적힌 카드를 만들어두고 하나씩 할 때마다 상자에 카드를 넣는다.

내 전용 상자도 있어서 저녁식사 뒷정리, 내일 아침식사 준비 등이 쓰여 있는 카드가 들어있다.

이 방법을 쓰면 자기 전에 내가 해야 할 일이 얼마나 있는지 파악하기 쉽다. 상자에 카드를 넣을 때마다

'끝났다!' 라고 성취감도 느낄 수 있어서 다음 일을 기분 좋게 시작할 수 있다.

또 아침에 해야 할 일도 마찬가지 방법으로 관리한다. 화분에 물주기, 메일 확인, 매장 청소 같은 것들이다.

시간을 관리해 나간다는 것은 나에게 주어진 시간, 곧 삶을 관리하는 것이다. 나의 삶과 아이의 삶을 소중히 하는 것이라고 생각한다.

두꺼운 종이로 만든 카드
매수는 상황에 맞게 늘리거나 줄이거나

아이용   어른용

영업시간에 관해

오픈 당시의 영업시간은 오전 11시부터 오후 5시까지였다. 보육원에 아이를 데리러 가야 했기 때문이었다. 오후 5시 이후에 손님이 들어오기라도 하면, 데리러 가는 시간에 늦을까봐 조마조마했다. 가끔은 이유를 설명하고 손님을 돌아가시게 한 적도 있었다.

아이가 초등학생이 된 후에는 평일 영업을 오후 6시까지로 연장했다. 큰맘 먹고 금요일에만 저녁 9시까지 열었다. 평균적으로 일주일에 6시간정도 영업시간이 늘어난 셈인데 매출에는 큰 변화가 없었다. 더구나 저녁 9시까지 영업을 하면 9시 반까지 손님이 있는 일도 있어서 다음날 영업에 지장이 생길 정도로 지치게 된다.

가장 중요한 것은 내 건강이다. 너무 무리를 해도 안되고 손님이 오기 힘들어도 안 된다. 일이라고 생각하면 하루 여섯 시간의 영업은 필요하다. 한번 정한 영업시간은 마음대로 바꿔서는 안 된다. 적어도 반년은 지속해보고 상황을 지켜보는 것이 좋다.

하루의 시간 일정표

5:30	기상 및 가사
6:30	메일 확인 매장 청소
7:20	가족 아침식사
8:00	온라인 쇼핑몰 사진 촬영
8:30	사무 및 은행업무
10:15	브런치
10:45	영업 준비
11:00	영업 시작
18:00	영업 종료
18:40	저녁식사 / 간식시간
20:00	정리 및 다음 날 준비
21:30	목욕
23:00	취침

커튼을 열고 오픈!!

매장 영업시간을 하루 중 가장 여유롭게

5.2 아이와 함께 즐겁게

공휴일 영업

가족들이 집에 있는 일요일이나 공휴일에도 영업을 할 때가 있다. 아이가 4살 정도가 될 때까지는 가족이 아이를 밖으로 데리고 나가곤 했지만, 맡아줄 사람이 없을 때는 점심식사 대용으로 도시락이나 주먹밥을 준비해서 아이 혼자 먹을 수 있도록 했다. 어릴 때는 혼자 놀기 질리거나 놀다가 마음처럼 안 되는 일이 있으면 울면서 나를 부르는 일이 하루에도 몇 번이나 있었다.

너무 심하게 울 때는 손님에게 잠시 자리를 비운다고 양해를 구하고 2층으로 간 일도 있다.

"엄마 왜 안 오는 거야!"

"미안해, 엄마가 지금 손님께 계산해드리는 중이니 조금만 기다려줘."

"싫어~!"

4살이면 아직 엄마가 어떤 상황에 있는지 이해할 수가 없다. 일이 뭔지도 모른다. 시간 관리도 무리다.

그때마다 한숨이 났다. 나는 필사적으로 일하고 있는데….

'이제 혼자서 좀 놀아라.' 라는 말을 하고 싶었지만 목구멍으로 삼킨다.

"그래, 외로웠지…"

이런 날에는 계산할 때만 빼고 아이 중심으로 생각하게 된다.

매장에서 아이가 놀고 있어도 괜찮지만 손님을 방해하지는 않는지 확인하고 손님에게도 양해를 구한다.

초등학생이 된 후에는 근처에 친구도 많이 생겨 낮에는 친구랑 놀기 때문에 영업시간 중에 곤란해지는 일은 거의 없어졌다. 지금은 점심 시간이 지나면 자전거를 타고 친구랑 놀러 나가는 아이를 보면서 손이 많이 가던 어릴 때가 그리워지기도 한다.

단지, 매장 주인의 얼굴을 하고 있는 엄마를 보면 "때 쓴다." 하고 눈을 흘기는 일은 자주 있다. 아이는 아이대로 '잡화점 아이'의 얼굴을 하고 있다고 생각한다.

영업이 끝나는 오후 6시가 되어도 손님이 계셔서 문을 닫지 못할 때에는 매장 옆 문으로 종이가 한 장.

"아 심심해, 빨리 끝내." 하고 적힌 종이를 슬쩍 건네기도 한다.

그래서 매일 아이와 함께하는 시간을 반드시 만들어서 나중에라도 만회하도록 하고 있다.

아이로부터의 편지는 내 에너지의 근원

다양한 손님

매장에는 아기와 함께 오는 엄마들이 종종 있다. 내가 엄마가 되기 전에는 상품을 망가트릴 지도 모르는 아이는 안 왔으면 좋겠다고 생각했다. 게다가 아기를 어떻게 대해야 할 지 몰라서 굳이 말하자면 좋아하지 않는 편이었다. 하지만 사람은 이렇게 변해가는구나… 하고 스스로 놀라기도 한다. 이 세상에 이렇게 아름다운 존재가 있을까 할 정도로 토실토실한 볼과 예쁜 색깔의 입술. 아이는 내 아이가 아니더라도 반짝반짝 빛나고 귀엽고 사랑스럽다.

"엄마 말고 다른 사람이 안으면 울어요? 잠깐만 안아 봐도 돼요?"

하고 말을 걸게 되었다. 아이의 침이 묻어도 신경 쓰지 않게 되었고, 상품이 망가져도 어쩔 수 없다고 생각하게 되었다. 아이가 매장 안에서 뛰어다니거나, 갑자기 뭘 하거나 어떤 얘기를 할 지 모르기 때문에 엄마는 늘 조마조마하다.

"엄마, 나 쉬!"

라는 말을 갑자기 들어도 지금의 나라면

"그래 그래~"

하고 받아들일 수 있다.

초등학생이 작은 단추나 마스킹테이프를 사러 올 때도 있다. 적은 용돈으로 뭔가를 사는 것도 사회공부가 된다. 초등학생이 안심하고 물건을 살 수 있는 장소가 이 지역에 얼마나 있을까.

또 근처에 혼자 사는 할머니가

"오늘 아무랑도 얘기를 못했어. 내 말동무가 되어줘요~"

하고 와서는 상품을 구경하거나 사 가신다.

다양한 사람들이 와주는 그런 매장. 내가 어릴 적에는 동네에 문방구나 장난감매장과 같은 작은 매장들이 많았다. 어릴 때 다녔던 매장들은 지금도 내 마음속에 남아있다. 우리 매장에는 연령으로 나누기 어려운 다양한 사람들이 온다. 이 공간에서 두근거림을 느끼는 사람들만이 온다. 작은 매장은 그 나름대로 좋은 점이 있다는 생각을 갖게 된다.

아이와 함께 매장을 운영하다

아이가 4살이었을 때, 만들기나 그림 그리기를 좋아하던 시기가 있었다. 어른인 내가 보기에는 매우 신선해서 진심으로 대단하다는 생각이 들어,

"이거 다른 사람한테 보여주자! 전시회라도 열까? 매장에 진열해서 손님들한테 더 보여줄까?"

그렇게 물어보니 딸아이는 매장에 놓인다는 사실이 어지간히 기뻤는지 더 많은 작품을 만들었다.

그 해 영업이 끝나는 12월 31에 매장 안쪽의 개인전을 위한 공간에 딸아이가 만든 그림과 오브제를 장식했다.

"언젠가 꼭 가보고 싶다~"

하고 말하던 친구가 방문하게 되는 계기가 되기도 했고, 생각보다 많은 분들이 와주서서 놀랐다. 자신의 아이가 어느 정도 큰 분들이나 평소에 아이와 접할 기회가 없는 분들은 아이의 작품에서 느껴지는 에너지에 굉장히 감동받는 모습이었다.

다음 해에는 추석연휴에도 전시회를 열었다. 그 후에는 전시회를 열

지는 않았지만 매장 전단지에 들어가
는 그림은 아이가 맡아 그리는 등 매장
영업에 도움을 받고 있다.

"엄마! 나한테는 돈 안 줘도 돼요."

거들먹거리며 아이가 말해서 볼에 뽀
뽀를 해주는 것으로 대신하고 있다.

지금은 자신이 그린 그림에 대해 기
뻐해주는 사람이 있다는 것, 그리고 손
님으로부터 호응을 받을 수 있다는 것

등으로 딸아이는 언제나 자신에 가득 차 있다. 공부를 잘 하거나 못하
거나 같은 것은 아무 상관없다. 나에게 있어서는 딸아이가 즐겁게 일
을 도와주는 편이 더 기쁘다.

정성이 담긴 삶

요즘 '정성 있는 삶'이라는 말을 자주 듣는다. 요리, 청소, 정리, 식
물 키우기까지… 이상적인 정성 있는 삶에는 시간이 필요하다.

그런 정성도 있겠지만 내가 생각하는 정성 있는 삶은 삶과 제대로
마주하는 것이다.

예를 들어 아무리 시간이 없더라도, 하루에 한번은 아이와 함께 시
간을 보내고 사랑한다고 얘기한다. 식재료는 계획적으로 쓰고 썩어
서 버리는 일은 없게 한다. 만약, 깜박하고 못쓰게 된 재료가 있다면
'미안'하고 사과한 후 버린다. 버릴 때가 된 옷은 걸레로 쓰거나 수거
함에 버리고 아이 옷의 경우 줄 사람이 있으면 준다. 줄 사람이 없는

구두를 버릴 때에는 '고마웠어' 인사하고 버린다.

할아버지나 할머니, 함께 살지 않아도 아이의 삶과 연결된 사람들에게는 반드시 감사의 마음을 전한다. 정성 있는 삶이란 서점에서 파는 지침서에서 배울 수 있는 것이 아니다. 올바른 마음가짐과 사랑이 넘치는 삶에서 배울 수 있는 것이다.

아이를 낳은 후에는, 작은 것이라도 당연하다고 생각하지 않고 작은 기적이 하나하나 모인 것이라고 생각하게 되었다. 그러면 별 것 아닌 일로도 행복을 맛볼 수 있다.

일본어로 고맙다는 말은 '아리가도우「有り難う」'라고 쓴다. 좀처럼 없는, 있기 힘든 일이라는 의미를 가진다.

'고맙다'의 반대말은 '당연하다'이다. 라는 얘기를 누가 했더라… 내가 살아있는 것도, 아이가 있는 것도, 모두가 기적 같은 일이다. 이런저런 것들을 모두 '당연하다'고 생각하면 감사하는 마음은 생기지 않는다. 그러니 이런 작은 매장에 몸소 방문해주는 사람들이 있다는 것도 정말 감사한 일이다. 주택가에 숨어있는 우리 매장을 발견해줘서 고마워요, 한 사람 한 사람에게 정성을 담아 '고맙다'는 말을 전하고 싶다.

제 6 장

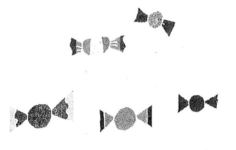

오야츠 잡화점에 오신걸 환영합니다

제6장 오야츠잡화점에 오신걸 환영합니다

「오야츠잡화점」은 교토의 서쪽 끄트머리, 주택이 밀집된 한큐 가쓰라역의 바로 옆에 있다. 바로 옆이라고는 해도 큰 길가에 접해 있는 것이 아니라 좁은 길로 들어와야 하는 조용한 주택가에 자리 잡고 있다.

여기서 판매하는 잡화는 일상생활에 반드시 필요한 필수품이 아니라, 간식처럼 마음을 편안하게 해주는 것으로, 마음의 '오야츠' 같은 잡화를 많은 사람들에게 전하고 싶어서 시작했다.

그렇기 때문에 정성이 들어간 것, 아름다운 것, 귀여운 것, '!' '!?' 같은 감탄사가 붙을 정도로 감동시킬 수 있는 것을 전하고 싶다.

내가 수제품을 판매하는 또 하나의 이유는 잡화보다도 사람들에게 흥미를 느끼기 때문이다. 어떤 생각으로 만든 것일까? 그 사람만의 감성, 만든 제작자와의 커뮤니케이션, 잡화를 보면서 손님과 대화를 나누는 것을 좋아하기 때문이라고 생각한다.

내가 어릴 적인 1970년대에는 옷도 잡화도 꽤나 비싼 것들이었다. 필요해서 어쩔 수 없이 직접 만들거나 재활용하던 시절이었다. 그래서 '핸드 메이드'는 아주 친숙했고, 엄마는 나를 위해 곧잘 볼레로나 점퍼스커트 같은 옷을 직접 만들어주셨다. 이러한 기억은 지금도 아주 또렷이 남아있다. 그리고 지금, 할머니가 된 엄마는 능숙한 바느질로 손녀를 위한 옷을 만들어주고 있다.

언젠가 아이가 풀이 죽어 집에 온 적이 있었다.

친구들로부터 "넌 맨날 이상한 옷만 입더라"라는 말을 들은 모양이었다.

"그래서 어떻게 했어?"

"이거, 우리 할머니가 만들어 준거라고 했더니, '구리다'고 그랬어."

나는 아이가 받은 것보다 더 큰 쇼크를 받았다.

"그래… 그거 슬펐겠구나…"

그 말이 아이의 진심인지 아닌지는 알 수 없지만, 옷은 브랜드 상품을 사야 한다고 생각한다면 직접 만든 옷은 '구리다'라고 보일지도 모를 일이다. 가치관은 모두 다른 법이니까.

내가 직접 천을 고르고, 딸아이와 할머니가 레이스를 고르고, 스커트가 퍼지는 모양을 둘이서 의논하면서 만든 티어드 스커트는 딸아이의 몸에 딱 맞고 움직일 때마다 작은 꽃무늬 치맛자락이 하늘하늘 흔들려서 귀여웠다.

"엄마는 이 옷 마음에 드는데… 너한테도 아주 잘 어울려. 이 옷 좋아? 싫어?"

"나는… 좋아…"

"이 옷을 입고 있으면 어떤 기분이 들어?"

"기뻐…"

"그 말을 한 애는 분명히 할머니가 옷을 만들어 준 적이 없을 거야. 직접 만든 옷을 입는 것이 기쁜 일이라는 걸 모르는 거야. 하지만 너는 그걸 알고 있는 거야."

"응!"

사랑이 가득 담긴 것을 몸에 지닐 때의 행복감, 그 기쁨!

반드시 직접 만들어야 한다는 건 아니지만, 그 사랑이 느껴지는 것이 좋다. 그건 그림이나 영화 그 외에서도 마찬가지다.

그래서 「오야츠잡화점」에서도 그런 것을 팔고 싶다. 잡화들을 통해 손님에게 사랑을 가득 전하고 싶다.

단, 그 어떤 것도 받아들이는 쪽이 마음의 문을 열지 않으면 전해지지 않는다. 그래서 나는 언제나 활짝 열어 두려고 노력한다.

6.1 이런 잡화를 판매하고 있어요

수제품을 고르는 규칙

매장에 진열하는 잡화는 내 나름의 기준을 가지고 선정하고 있다.

① 매장 분위기(컨셉)과 어울리는 것.

매장 공간에 진열했을 때 다른 잡화들과 서로 어울림이 좋은 감성을 가진 것인지가 가장 중요하다. 그리고 오야츠잡화점에 와주시는 손님들이 마음에 들어 하는지 여부도 중요하다.

"이 제품은 분명 ○○씨가 좋아할 거야."

늘 와주시는 손님의 얼굴이 떠오르는 그런 물건이 좋다.

② 품질이 좋은 것.

상품의 기능이나 편리성, 내구성, 봉제 상태 등 품질이 충분히 좋은

지가 중요하다. 사서 금방 하자가 발생하는 건 곤란하다. 또, 구매 후 세탁이나 관리방법이 상품에 친절하게 기재되어 있으면 구매자를 배려하는 제작자의 마음이 느껴진다.

물건을 파는 이상, '만들면 끝'이 아니라, 그 잡화와 함께 생활하는 사람까지 생각한다면 구입한 사람에게도 그 마음은 전해지는 법이다.

③ 서로 좋아하고 서로 사랑할 수 있는 것.

수제잡화 제작자들이 우리 매장을 좋아해주는지 여부와 함께 내가 작품의 전체적인 의식 등이 마음에 드는 것이 중요하다. 물론, 제작자가 신뢰할 수 있는 사람인지까지도 소홀히 할 수 없다. 서로 좋아하고 소중히 여긴다면 분명 나머지 것들은 자연스레 따라와 준다고 생각한다.

언제나 살 수 있는 대표 상품

매장에는 언제 손님이 오더라도 항상 비치되어 있는 제작자의 아이템이 있다. 다만, 계절이나 시기에 따라 컬러나 무늬는 달라지기 때문에, 마음에 드는 무늬가 입고될 때까지 계속 기다려주시는 손님도 있다.

"오야츠잡화점에 있는 그걸 갖고 싶어, 사러 가고 싶어" 하고 생각하게 하는 상품들이다.

◎ 가방

모양이 변형되는 가방, 겉과 속의 원단이 달라 기분이나 입은 옷에 맞춰서 쓸 수 있는 리버서블 가방, 손잡이가 두 개 달린 가방 등 다양한 용도로 사용할 수 있다.

보고 있으면 정신이 아득해질 정도로 정성들인 자수가 놓인 가방은 마치 한 폭의 그림 같아서 계속 사용하고 싶게 만드는 매력이 있다.

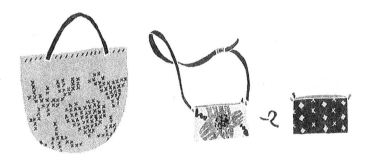

토토 가방
십자수 크기가 1.5mm
섬세한 자수가 경이로움
〈petit pannier〉

스마트폰 파우치
줄을 떼어낼 수 있어서
가방 및 파우치로 사용 가능
〈paradaise manbo〉

◎ 파우치

처방전 수첩과 약을 넣는 파우치, 수첩과 펜을 넣는 파우치, 백 인 백 (Bag in bag) 느낌 등 쓰는 사람의 생활방식에 맞춘 다양한 사용법이 가능하다. 사용자를 고려하여 다양한 아이디어가 넘치고 배려가 느껴지는 디자인.

마치 곰돌이 인형을 가지고 다니는 것 같은 느낌을 주는 동물모양 파우치는 가방 속을 볼 때마다 귀여움에 미소가 절로 난다.

동물 파우치
동전이나 사탕을 넣어두는 용도로
사용 〈쁘치울 스브란〉

파우치
문고판 책, 통장, 약 지갑이 들어갈 수
있는 크기 〈trill〉

◎ 종이 잡화

색종이 같은 정사각형의 종이 세트는 봉투처럼 사용하거나 장식용 작품을 만드는 등 아이템에 따라 다양한 사용법이 가능해 무척이나 편리하다.

선물용으로 사고 싶어지는 교토타워나 불상이 그려진 엽서는 인기 아이템. 또, 기분까지 상쾌해지는 꽃이나 새 그림의 엽서도 물건과 함께 선물하면 잘 어울린다.

종이접기 세트
작은 봉투를 만들어도 즐겁다
〈mittzell〉

우편엽서
7~8명의 제작자가 만든 작품이
100여 종에 달한다.

◎ 아기용 잡화

두근거릴 정도로 귀여운 무늬들이 가득
한 리버서블 타입이라 활용도가 높은 턱받
이는 넥타이 모양과 블라우스 모양이 부동
의 인기 아이템이다.

이제 막 걷기 시작한 아이에게는 과자나
아이스크림 모양의 포셰트 가방. 정성스
런 재봉 기술과 샤베트 컬러로 완성된 디
자인은 한번 보면 잊혀지질 않는다.

베이비 타이
착용하면 넥타이모양은 사장님으로
블라우스 모양은 언니로 변신!?
〈Handmade Sun Moon〉

◎ 도자기

작은 새가 그려진 그릇이나 식빵모양의 접시는 그림책에서 나온 것
처럼 귀엽다. 오야츠잡화점과 어울리는 무늬가 들어간 아이템을 생
각하다가 오리지널 스탬프를 만들어서, 그 스탬프를 찍어 무늬를 만
들자는 생각을 하기도 했다.

이야기가 가득 담겨있을 것만 같은 정성스런 그림이 들어간 머그컵
은 쓸 때마다 미술관에 온 기분이 든다.

머그컵
안을 들여다보고
싶어지는 디자인
〈Ceramic LABORATORY〉

밥그릇 및 접시
그림 부분이 움푹 들어가 있고
유약이 담겨있는 듯한 질감이
재미있다 〈후쿠하라 유코〉

펠트 아플리케 포셰트
여자아이의 마음을 사로잡는
오야츠 디자인
(PO-POLUS)

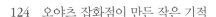

6.2 매년 호평받는 두근두근 이벤트

기간한정에서만 판매하는 상품을 기획하여 '지금 꼭 가야 해' 하고 손님을 불러 들이는 기회를 만들기 위해 이벤트를 시작했다. 이벤트는 계절과 전년도의 매출을 고려하여 기획한다. 매장이 작기 때문에 특집을 기획하면 거의 모든 상품이 바뀌게 되어 손이 많이 가지만 어떤 상품이 도착할 지 내 자신도 두근두근 기대하게 된다. 상품에 따라 매장의 분위기가 180도 바뀌기도 하는데, 이 또한 새로운 즐거움이다.

◎ 빵과 커피, 각설탕 한 개

매장 안을 커다란 식사 테이블로 보이게 하고, 커피와 빵 냄새가 그윽할 것 같은 잡화를 모아서 판매했다. 빵 모양의 가방이나 커피콩이 그려진 문구들, 설탕처럼 생긴 엑서사리, 간식 시간에 사용하고 싶어지는 머그컵이나 접시까지. 이벤트기간 중에는 실제 빵이나 커피원

「맛있어 보이는 잡화를 보는 것은 매우 즐겁다」고 손님으로부터 큰 호평

두 판매도 함께 진행한다. 매년 1~2월에 열린다.

◎ 여름 코디

코디가 간단하고 너무 캐주얼하지 않으면서도 차분하며 입기 편한 3박자가 갖추어진 양복을 판매한다. 원피스나 스커트, 팬츠 등을 수제품 제작자와 의논하며 만든다. 내 자신도 이 시기에 옷장 속 옷들을 리뉴얼한다. 매년 5~6월에 열린다.

액세서리와 가방을 제조하는 〈Vallon〉의 양복이 인기

◎ 벼룩시장

120cm 폭의 선반을 손님한테 빌려주고 아무거나 팔고 싶은 것을 파는 이벤트. 판매를 원하는 손님을 8명 한정으로 모집한다. 오야츠잡화점이 심사하는 이벤트에 참가하는 건 이제 막 수제품을 만들기 시작해 용기를 얻으려는 제작자나 자신의 컬렉션을 판매하려는 사람들이다. 매년 8월에 열린다.

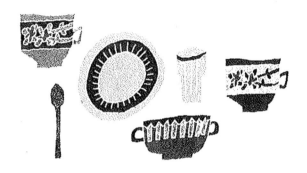

벼룩시장

오야츠잡화점은 유럽풍 식기를 제안. 1970년 전후 것을
일상에서 사용가능한 합리적 가격으로 판매

6.3 진열에도 요령이 필요

작은 매장을 많은 잡화들로 채워 넣는 요령은 카테고라이징을 잘 하는 것이다. 아이템이나 모양 별로 분류하여 판매한다. 상품의 모든 것을 보여주려 하지 않고 내가 선별하여 제안한 상품이 손님 눈에 들 수 있도록, 또한 손으로 쉽게 집을 수 있도록, 상품을 집은 사람이 원래 위치로 돌려놓기 편하도록 신경 쓰고 있다.

◎ 엽서

주문 제작한 엽서 전용 진열대에 진열해서 보기 편하게 되어 있다. 햇빛에 바래기 쉬운 종이 잡화류는 빛이 닿지 않는 곳에 진열한다.

손님으로부터 「이거 좋네요!」라고 자주 칭찬받는 우편엽서 진열대

◎ 가방이나 그림

픽쳐레일에 고리를 걸어 진열한다. 어떤 위치에서도 장식할 수 있어 매우 편리.

가방은 손이 닿는 높이에 장식해 둔다.

◎ 작은 잡화류

이동식 선반에 진열한다.

윗단의 폭은 좁고 아랫단은 넓다. 선반의 폭을 다르게 해서 아래쪽 진열대도 빛이 잘 들고 잘 보이게 한다.

 작은 선반에는 작은 상품을, 아래쪽 선반에는 큰 상품을 놓으면 보기에도 안정감이 든다.

상단은 좁은 20cm

봉지에 들어있는 것은 반드시
견본을 준비. 실제로 손이 닿을
수 있는 상태에서 진열

하단은 넓은 30cm

◎ 기타 상품들

 공간을 많이 차지하는 상품은 기본적으로 1~3개 정도의 상품만 펼쳐 놓아 깨끗하게 보이게 하고, 다른 색깔의 것들은 바구니나 나무 상자에 넣어 진열하면 깔끔하고 보기도 좋다. 자잘한 것들도 같은 방법으로 상자에 넣는다.

6.4 수제품 제작자에게 전하고 싶은 것

잡화 브랜드 만들기

 최근 수년 동안, 수제품 제작자들을 둘러싼 판매 환경이 크게 변했다. 잡화제품을 만드는 사람이 늘어나고, 제작자가 직접 판매할 수 있는 장소도 늘어났다.

수제품을 취급하는 매장의 주인으로서 수제품 제작자들의 상담을 받는 일도 많아졌다.

선택지가 많기 때문에 더욱, 어디서 어떻게 파는 것이 가장 좋은지, 얼마에 팔면 좋은지 판단하는 것이 어려워졌다. 제작을 취미로 끝나는 것이 아니라 판매로 이어지게 하고자 한다면 매장을 만드는 것과 마찬가지로 잡화 브랜드로서의 이미지를 만들어 가는 것이 좋다.

앞으로도 활동범위를 넓히고자 하는 사람들에게, 매장에서의 경험을 통해 평상시 느끼는 것들을 전하고 싶다.

6W 2H의 방법으로 자신의 브랜드를 생각해보면 쉽게 알 수 있다. 그 중에서도 판매 시 주의할 점은 다음의 세 가지가 아닐까 싶다.

① 오리지널리티가 있을 것. 상품을 봤을 때 한번에 '아, 그 브랜드' 하고 알 수 있게 된다면 최고.

② 브랜드는 팬이 있기에 존재할 수 있는 것. 브랜드의 세계관, 디자인, 품질을 좋다고 생각하는 상품을 만들어 매장에 내놓으면 가격은 저절로 따라온다. 즉, 손님과의 신뢰관계에 의해 가치가 정해지는 것이다.

③ 어디에서 판매하느냐에 따라 가격은 달라진다. 작품의 취향과 구매층이 합치되는 곳에서 판매하는 것이 매우 중요하다.

싸니까 사는 것이 아니라 손님에게 물건을 만난 기쁨과 감동을 전할 수 있는 것이 좋은 상품이다.

손님에게 잡화를 산다는 것은, 필요 유무가 아니라 내 옆에 두고 싶은가의 여부이다. 그리고 그 사람, 그 매장과 인연을 맺고 싶은가 아닌가에 대한 것이다.

매장에서의 어프로치

수제품을 팔 수 있는 방법이 늘어났다고는 해도, 벼룩시장이나 이벤트가 아닌 자신의 작품을 언제나 진열할 수 있는 오프라인매장을 찾는 것은 쉬운 일이 아니다.

매장에 따라 각자의 생각은 다르겠지만 처음 접근은 e-mail을 사용하는 것이 가장 좋다고 생각한다. 작은 매장의 경우, 매장에 혼자 있는 경우가 많아 타이밍이 안 좋으면 천천히 대화를 나누기도 힘들다.

메일은 자기소개로 시작해서 간결하게 작성하는 것이 좋다. 지금까지의 자신의 활동 이력과 작품의 느낌을 알 수 있는 URL 등을 안내하고, 앞으로 어떻게 제작하고 싶은지, 왜 그 매장을 골라 메일을 보내게 되었는지를 적으면 작가의 마음이 전해질 것이다.

답변이 없는 경우엔 메일이 전달되지 않았을 가능성이 있으므로 전화로 확인한다. 필요하다면 그 후에 매장으로 방문하는 순서로 진행하는 것이 좋다.

제작 속도

매장에 진열되어 있는 상품의 90%는 수제품을 포함해 크리에이터가 기획한 것이다. 손님이 보면 별다를 것 없이 진열된 오야츠잡화점의 상품들이겠지만, 제작자는 다양하며 제작자의 작업 속도 및 강점 분야에 따라 기획 방법이 달라진다.

오야츠잡화점에는 매장에 필요한 상품을 함께 생각하고, 품절되지 않도록 재고를 보충하고, 새 상품으로의 교체에 응대해주는 제작자와, 이벤트 등의 행사에만 상품을 만들어주는 제작자, 여기에 연간 8회 정도 모집하는 공모에 지원하는 제작자까지 다양하게 관여하고 있다.

거래의 시작은 먼저 기간한정의 이벤트 참가로 시작하는 경우가 많다. 품질이나 상품 제작의 속도, 제작자가 어떤 사람인지를 확인한 후 손님의 반응을 보면서, 또 다른 이벤트 때 부탁하거나 오야츠잡화점의 공식 제작자로 부탁하는 경우도 있다.

공모는 앞으로 활동범위를 넓혀나가고자 하는 제작자들과 만날 수 있는 기회의 장으로 나에게는 매우 큰 즐거움이다.

프로로서 필요한 것

제작자들과 함께 하면서 배우고 싶은 점이 정말 많다.

언젠가 hand made sun moon의 상품 재고가 부족해서 추가로 주문했더니

"바로 제작하기는 어렵고 2주 정도 후 납품이 가능해요."

라는 답변을 받았다. 연락한 다음 날 아이의 입원이 예정되어 있었다는 것을 나중에 알게 되었다. 나의 아이가 입원했다고 입장을 바꿔 생각해보면 나는 그렇게 차분하게 응대할 수 없었을 것 같다. 일을 대하는 프로의 자세를 배울 수 있었으며 내 자신도 되돌아보게 되었다.

그림책 작가인 OO씨는 이벤트를 위한 상품은 시간적 여유가 있게 미리미리 납품하고 청구서 등의 발행도 신속하게 처리한다고 한다. 그녀의 일하는 속도는 아이가 생겨 라이프 스타일이 바뀌어도 변함이 없어서 놀랄 정도다.

제작자 중에는 다른 일과 병행하는 사람도 있다. 간병인으로 일하거나, 가업을 도우거나, 아이를 키우면서… 그래도 자신의 활동을 계속하는 모습을 보면 나도 힘을 얻게 된다.

"좋았어! 나도 열심히 해야지!"

하고, 신선한 자극이 되고 있다.

제작자로 오래 활동하기 위해서는 제작을 '일'로써 대하는 마음자세로의 전환이 중요하다. 변명하지 않고 과감히 제안하고, 빠르게 응대하는 것이 중요하다.

무언가를 만든다는 것

이 책을 쓰면서 특히 신경 쓴 점은 매장을 운영하는 점주로서의 시점에서 벗어나지 않고 집필하려고 한 점이다. 그리고 책을 읽는 사람이 누구인지 확실히 하고, 그 독자를 의식해서 쓰려 했다.

집필 도중에 몇 번이나 내 시점이 흔들렸다. 그래서 몇 번이나 다시 썼는지 모른다… 편지를 쓰는 것과 달리, 돈을 낼 가치가 있는 상품으로 만드는 것이기 때문에 이러한 노력은 당연하다.

잡화를 만드는 것도 마찬가지다. 다른 누구도 아닌 내가 만든다는 것, 누구를 위해 만들고 있는지 분명히 할 필요가 있다.

만드는 과정은 육체적 그리고 정신적으로 괴로울 때도 있지만, 글을

쓰는 것을 그만두지 않는 것은 역시 쓰는 것을 좋아하기 때문이다. 그리고

"나는 왜 이걸 하려는 걸까?"

하는 질문의 답을 확실히 알고 있기 때문이다. 매장 만들기의 컨셉에 대한 부분에서도 언급한 것처럼, 무언가를 만든다는 것은 모두 공통점이 있다고 생각한다.

누군가의 생활이나 마음에 도움이 되도록 만드는 것.

분명 나만이, 그리고 당신만이 만들 수 있는 세계가 있다고 생각한다.

6.5 손님과 함께

휴대전화나 전자메일이 일반적이지 않았던 나의 학창시절에, 가장 좋아했던 커뮤니케이션 수단은 편지였다. 우울할 때에 나에게 힘이 되어 준 건 친구가 보내준 편지였다. 나를 이렇게 기운 나게 해주는 말의 위력은 정말 굉장하다고 생각한다.

이런 편지처럼 멋진 에너지를 주고받을 수 있는 일을 하고 싶다.

20년 전에 생각했던 것이 지금에서야 겨우 형태를 잡아가고 있다. 정말 조금씩.

진지하게 임하는 워크샵을 개최하거나, 게스트를 초대해서 토크 이벤트를 열어 지금까지 몰랐던 것들을 알게 할 수 있게 되었다. 지금 내가 위치해 있는 원 안에서 아주 조금씩 같이 밖으로 나가보려 하고 있다.

"이렇게 짧은 시간에도 목도리를 만들 수 있다는 것을 배우고 나서야 알았어요."

손님이 뜨개질 교실을 수강한 후, 생활 속에서 활용하고 있다는 얘기를 듣고 무척 기뻤다.

와주시는 손님과는 카운터에서 돈을 주고받는 것이 전부는 아니다. 같은 것을 보고 감동할 수 있는 특별한 사이로 지내고 싶다.

지금, 망상수첩을 보며 또 새로운 것을 생각하고 있다.

작은 매장이 할 수 있는 것은 무한히 많다. 실패할 때도 많지만, 그것 또한 하나의 즐거움이다.

제 7 장

내가 좋아하는 매장 점주와의 대화

제7장 내가 좋아하는 매장 점주와의 대화

7.1 마야루카 중고서점 -나카무라씨

교토의 니시진, 주택이 늘어선 작은 거리, 그 길 안쪽에 「마야루카 중고서점」이 있다. 중고책 판매뿐만 아니라, 다양한 이벤트를 개최해 내 마음을 훔쳐간 매장 중에 하나이다.

고케시 인형(나무를 깎아 만든 소박한 일본 전통 인형)을 테마로 매년 대성황을 이루는 「교토, 달그락 고케시전」, 수제 캔들에 불을 밝히고 이야기를 나누고 현장 판매도 하는 「어른을 위한 캔들 대화」, 화가가 키우는 고양이의 초상화를 그려주는 「당신의 고양이를 스케치해드립니다」 등.

매장 주인인 나카무라 씨의 아이와 우리 아이의 나이가 같아 전부터 친밀감을 느끼고 있었고, 한번 정도는 차분히 얘기를 나눠보고 싶다고 생각했었다. 아이를 키우면서도 매장 운영, 이벤트 기획 및 전시회 참가를 추진할 수 있는 비결뿐만 아니라 시간이나 마음을 어떤 식으로 꾸려가고 있는지, 그리고 그녀의 원동력은 무엇인지가 궁금했었다.

"태어나서 자란 곳이 시골이어서 그런지 근처에 친구가 있었던 것도 아니고 오락거리도 별로 없어서 어릴 적부터 책만 잔뜩 읽었어요."

책이 좋아서 대학을 졸업하고도 계속 책에 관련된 일을 하고 있다고 했다. 아이가 태어나도 책을 좋아하는 마음은 변하지 않았다고 한다.

"하지만 지금 돌이켜 생각해보면, 아이의 성장과 함께 일하는 방법도 바뀌었던 것 같아요."

아이가 커가면서, 활동 반경도 조금씩 넓어지고 일 관련 네트워크도 쌓아왔다고.

"모든 책임이 나에게 있다는 부담감은 크지만, 회사 다닐 때보다 자유로워서 즐거워요!"

자유로운 자영업 스타일이 마음에 든다고 한다. 무엇보다 유연한 시간 활용이 가능하다. 아이가 어리다는 것은 매우 중요한 점이다. 아이와 함께 작은 계단을 올라가다 보니 이런 형태가 되었다는 점은 나와 비슷했다. 매장을 지키는 것 말고도 책 구입을 위해 출장을 가거나 구입한 책의 정리 등 일할 것은 넘쳐난다. 그래서 도와주는 종업원이 없으면 운영이 불가능하다.

가장 흥미롭다고 느낀 점은, 책의 다음 주인을 발견하는 순간이다.

"중년 남성의 손을 떠난 책이 마야루카 중고서점이라는 필터를 통해 이 공간에 오면 젊은 여성이 집어 들곤 해요. 그 순환되는 모습이 굉장히 재미있다고 느껴져요."

그렇게 말하는 그녀의 얼굴은 정말 행복해 보였다.

"책을 중고로 판 사람도 자신이 판책이 이렇게 매장에 진열되었구나 하고 기뻐하는 사람이 많아요. 여기에 오는 사람 모두 기뻐했으면 좋겠어요."

이런 얘기를 들으며 나도 그렇지, 그렇지, 하고 저절로 고개를 끄덕이게 된다.

"아이가 태어나면서 정신적으로도 안정되고 스트레스도 덜 받게 되었어요. 스트레스 받을 새가 없다고나 할까"

매장과 집이 붙어 있어 바로 왔다 갔다 할 수 있지만, 공간은 확실히 나누어서 집에 돌아오면 자연스럽게 패턴이 바뀐다고 했다. 집에 오면 가족과의 시간을 충분히 즐긴다. 그래서 언제나 마음이 충족되어 있다고 한다. 내일도 힘내야지 하는 생각이 절로 생긴다.

어떤 이야기를 해도 그녀는 계속 웃는 얼굴이다.

"늘 웃고 있냐는 얘기를 듣기는 해요."

큰 소리로 웃는 그녀의 모습에 나도 모르게 따라 웃었다.

매장 뒤편은 숲이다. 새가 우는 소리를 들으며 나무들과 책으로 둘러쌓인 이 공간이 마치 우주에 붕 떠있는 느낌이 든다. 일반적인 장르별 진열 방식이 아닌 그녀 나름의 진열 방식, 보통은 관심이 없고 어려워 보여 잘 찾지도 않는 책도 자연스레 손이 갈 수 있도록 매장 배치에 신경을 많이 쓴 곳.

정말 한 시간 정도 얘기한 것 같았는데 벌써 2시간이나 지나 있었다.

정말 편안하고 에너지가 충전되는 느낌이었다. 계속 여기에 머물고 싶어지는 마음을 안고 매장을 나왔다.

작은 매장은 좋은 의미로든 나쁜 의미로든 매장 주인의 마음을 반영한다. 그녀 자신이 즐거움과 행복을 느끼고 있기 때문에, 이런 공간을 만들 수 있었다는 생각이 들었다.

○ 마야루카 중고서점 점주 나카무라 씨에게 물었습니다.

Q : 매장을 열게 된 동기와 장소를 결정한 동기는 무엇인가요?

A : 그 전까지는 「마치야 중고 책 한노키」라는 이름의 중고 책 서점의 공간을 공유하는 형태였어요. 그러다가 아이가 초등학교에 다니게 되면서 경제적인 자립을 생각해서 혼자 운영해보기로 했어요. 그때 우연히 TV방송의 취재를 받게 되었고, 방송을 본 지인이 소유하고 있는 매물을 소개시켜준 것이 계기였어요. 더 큰 길가에, 유동인구도 더 많은 곳도 있었지만 지금의 매장을 보러 갔을 때 안에 들어선 순간 느낌이 확 왔어요.

Q : 인테리어 비용이나 매장 계약에 필요한 비용은 어떻게 마련했는지요?

A : 이곳은 원래 몇 십 년 동안이나 방치되어 있던 곳이어서, 주인이 세를 놓게 되면 그때 개조하려고 생각했었는데요. 그렇기 때문에 개조 공사 비용은 모두 주인이 부담해 주셨어요. 그래서 실제 쓴 비용은 매장에서 사용할 집기들을 구입한 정도예요. 처음에는 내가 가지고 있는 책부터 팔 생각이어서 상품 구입 비용도 그다지 들지 않았어요. 단지 책을 깔끔하게 보이게 사이즈가 맞지 않았던 책장을 최근에 큰 책장으로 새롭게 제작했어요.

Q : 온라인 쇼핑몰이 아니라 오프라인매장을 연 이유가 있나요?

A : 온라인 쇼핑몰과 오프라인매장은 전혀 다른 책들이 판매돼요.

온라인 쇼핑몰은 웹 검색을 통해서 접속하는 경우가 많고 희소한 책이 잘 팔리는 경향이 있어요. 다른 좋은 책이 많은데도 말이죠. 그렇다고 일반적으로 판매되고 있는 책을 온라인 쇼핑몰에서 팔아봤자 다른 대기업의 온라인서점과 비교해 가격적인 장점이 없어요. 오프라인매장은 가격뿐만 아니라 나만이 할 수 있는 여러 가지 방법이 가능하다고 생각하기 때문이에요.

Q : 아이를 키우면서 일을 병행할 때 주의해야 할 점이 있나요?

A : 일에 관해서는 아이에게도 자주 이야기하는 편이예요. 매장 2층에서 아이가 관심을 가질만한 전시회를 할 때에는 영업이 끝난 후 아이와 함께 보러 갈 때도 있어요.

Q : 가정과 일의 밸런스는 어떻게 관리하시나요?

A : 매장 일이 바쁘고, 집안 일이 쌓여 있을 때는 일단 일거리를 다 쌓아놔요. '매일 해야 해' 와 같은 강박관념으로 인한 스트레스는 쌓아두지 않고, 시간이 날 때 한꺼번에 하는 편이예요.

Q : 아이와 함께하는 시간은 별도로 만드시나요?

A : 요즘에는 아이와 함께 지낼 수 있도록 일요일은 종업원에게 영업을 맡기고 있어요. 지금은 2명의 직원을 고용한 상태예요. 덕분에 이벤트 참가도 보다 수월하게 진행할 수 있게 되었어요.

Q : 매장이나 매장 경영면에서 앞으로 하고 싶은 것이 있나요?

A : 제작자의 개인전이나 이벤트에 사용하는 2층에도 물건을 팔 수 있는 공간을 만들고 싶어요. 매장의 영업도 안정되어 가니 온라인 쇼핑몰도 다시 시작하고 싶고요. 생각난 건 모두 일단 해보고 나서 또 생각하는 일의 반복이랄까. 주변 상황이나 사회 흐름도 계속 바뀌어 가니 그에 맞춰서 매장도 바뀌어가야 한다고 생각해요.

Q : 매장 경영 외에 하고 싶은 일은?
A : 2015년 4월부터 정기간행물(리빙 교토)을 발행해서 추천하고 싶은 책을 골라 소개하는 일을 하고 있는데요, 이게 굉장히 재미있어요. 다른 매체를 통해서도 주제에 맞춰 책을 골라 소개하는 원고를 쓰기도 해요. 글 쓰는 걸 좋아해서 이런 일을 더 늘리고 싶어요.

나카무라 아키코

이바라키현 출신. 지역에 있는 대학을 졸업한 후 도쿄에서 편집관련 일에 종사. 교토로 이사한 후 프리라이터로 활동하면서 고서 온라인 쇼핑몰을 개설. 그 후 3개의 매장이 공동 운영하는 「마치야 중고 책 한노키」의 공동 경영자 모집 광고를 보고 응모. 2년 반의 활동을 거쳐 독립. 2013년 니시진에 「마야루카 중고서점」을 설립.

마야루카 중고서점
Tel 090-1039-5393
Mayaruka.com

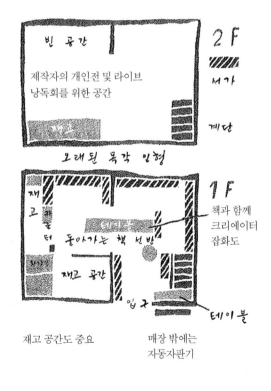

재고 공간도 중요   매장 밖에는
자동자판기

7.2 생활잡화와 생활교실 「Relish」-모리씨

오야츠잡화점이 위치한 가쓰라역에서 전철로 10분 정도 거리, 교토와 오사카의 경계에 있는 오야마자키. 입구에 들어서면 바로 생활에 도움이 되는 잡화들과 엄선된 식재료가 판매되는 공간이 있고 안쪽은 교실이다. 전면 유리로 된 매장 내부에서는 텐노산이 그대로 보이고, 사계절의 경관을 즐길 수 있어 기분이 좋아진다.

주인인 모리 씨는 요리교실뿐만 아니라 요리책을 출판하기도 하고, 역 앞에 작은 노점을 여는 등 마을을 위한 일에도 열심이다. 게다가 아이를 키우게 되면서 더욱 모리 씨의 '먹는 것'에 관한 일들에 공감하게 되었다.

"먹는 것은 생명과 직결하는 중요한 것이라고 생각해요. 그런데 경제적이나 시간적으로도 가장 소홀히 되기 쉽죠. 너무 싸서 불안한 것도 있고, 사서 데우기만 하면 되는 간단한 것들도 너무 많아요. 너무 과장해서 말하는 것일 수도 있지만, 앞으로의 일본의 식문화가 무척 걱정됩니다."

일식은 중식이나 양식보다 국물내기가 간단하고, 몸에 부담을 주지 않으면서도 맛있다. 어릴 적의 식생활, 가족이 만드는 일상 요리가 아주 중요하다. 그것을 즐겁게 전해줄 수 있는 장소를 만들고 싶다!

이런 생각을 원래 친구였던 종업원 야기 씨에게 이야기했더니 공감해 주었고, 이를 계기로 매장을 시작하게 되었다고 한다. 그 후에는 종업원도 늘어나서 모리 씨를 포함해 총 6명의 종업원이 일하고 있다. 모두가 기혼 여성이다.

"요리를 가르치는 것에 집중할 수 있는 건 종업원 덕분입니다. 제가 흔들리지 않도록 때로는 매서운 의견을 내기도 해요. 그리고 언제나 내가 오너라는 점을 존중해줍니다."

처음부터 지금까지 일을 그만두지 않고 계속 함께 해 준 야기 씨를 비롯한 종업원들은 모두가 그 장소에서 편안함을 느꼈던 증거일 것이다.

"모두 종업원들에게 맡기고 있어요. 모두 자신의 의견을 내면서도 자발적으로 임해주기 때문에 종업원이 저보다 매장 일을 더 생각해 주는구나 하고 놀랄 때도 많아요."

하고 그녀가 웃는다.

종업원들이 어떤 마음으로 일하고 있는지 알고 싶어서 한 사람 한 사람에게 직접 물어보았다.

"「Relish」는 좋은 건 물론이고, 여기서 일하면서 제 생활 자체가 바뀌었어요. 매일 장을 볼 때도, 유통기한만 보는 것이 아니라 어디서 수확된 것인지, 누가 재배한 것인지, 식재료를 고르는 시야 자체가 바뀌고, 세계가 넓어진 느낌이에요."

하는 종업원의 얘기에 모리 씨도

"와, 그런 말은 처음 들어요."

하며 기뻐했다.

「Relish」가 있는 것도 기쁘지만 이런 관계들이 생겨나는 것이 즐겁다. 사람의 숨결은 공간을 메운다. 일하는 사람이 편안하면 손님도 편하게 느낀다.

모리 씨는 시간이 점점 지나면서, 자신의 행복뿐만 아니라 더 큰 행복을 생각하게 되었다고 한다. 큰 행복은 작은 행복부터, 자기 자신이 행복할 것, 종업원과 그 가족이 행복할 것, 그 행복이 여기를 방문해 준 사람들에게 퍼져나간다.

요리법이 궁금하면 인터넷으로 검색하면 다 나온다. 하지만 함께 요리를 만들고, 별 것 아닌 이야기를 나누고, 밥을 함께 먹으며 얻을 수 있는 것이 있다. 아이에 대해, 부모의 간병에 대해, 현실의 힘든 일들에 대해, 잊는 것이 아니라 한 발짝 물러서서 자신을 재충전할 수 있는 곳. 방법만 전하는 것이 아니라 내일부터 필요한 힘을 얻기 위한 그런 곳을 만들고 싶다고.

"요리 교실은, 음악으로 치면 라이브 연주 같아요. 좋아하는 곡을 얼마든지 다운로드해서 들을 수 있지만, 라이브는 거기 있는 사람과 함께 만들어가는 것이라고 생각해요. 저도 참가해 주시는 분들로부터 배우는 점이 아주 많아요."

요리에 관한 일이 생기면 매장이 아닌 다른 장소로 가야 되는 경우도 있다. 그래서 자신이 가르치는 요리교실 외에는, 자신이 없어도 종업원이 운영할 수 있도록 하고 있다고 한다. 종업원들도 모두 모리 씨와 같은 마음으로 일하고 있다.

"사람과의 만남은 그 무엇과도 바꿀 수 없는 재산이죠."

자신도 완벽하지 못하고, 100% 확실한 지시를 내릴 수도 없고 그러고 싶지도 않다. 많은 도움을 받는다. 믿고 맡길 수 있는 종업원이야말로 보석 같은 존재이다. 직장내에 「Relish」가 존재하고 있다는 것은, 개개인의 특기를 더욱 살릴 수 있는 곳이기 때문이다.

같은 생각을 공유하는 사람과 함께 매장을 운영해 가는 것도 멋지구나… 하고, 나는 모리씨의 이야기를 들으면서 오야츠잡화점을 떠올렸다. 앞으로 매장과 지역, 더 넓게는 일본 전체까지 생각해보았다.

"출산을 계기로 이 일을 시작하게 되었고, 계속할 수 있게 되었다고 생각해요."

아이가 태어나면서 자신이 살아가고 싶은 길이 보였다. 나도 작은 행복을 널리 펼쳐가는 동료의 한 사람이 되고 싶다고 진심으로 생각했다.

○ 「Relish」 점주인 모리씨에게 물었습니다.

Q : 매장을 시작하게 된 동기는 무엇인지요?

A : 처음엔 집에서 요리교실을 열었는데, 조금 좁다고 느껴졌고 집 바로 근처의 이 자리를 발견했어요. 임차인이 좀처럼 나타나지 않아 계속 비어있어서, 그럼 제가 빌리겠습니다! 했죠. 여기서 보이는 광경이 너무 멋져서 이곳을 좋아해주는 사람이 분명히 나 말고도 있을 거라고 생각해서 결정했어요.

Q : 자금은 어떻게 마련하셨는지요?

A : 대부분 제가 가지고 있던 돈으로, 하루 벌어 하루 먹고 사는 상태로 시작했어요. 매장 자리를 발견하고는 계획도 없이 마음만 앞서 시작한 일이라 안정되기까지는 정말 힘들었어요. 지역 상공회의소에 상담을 받으러 가서 "장사는 그렇게 간단한 게 아닙니다!" 하고 혼난 적도 있어요. 분명히 안이하게 생각한 부분도 있었지만, 그렇게 일침을 맞고 나니 어떻게 해서든지 해내고 말거야! 하고 마음을 다잡을 수 있었어요.

Q : 종업원은 어떤 식으로 모집하나요?

A : 초기 요리교실의 학생이나, 마을 행사 등에서 만나게 된 사람들입니다. "이 사람하고 같이하면 좋겠다." 하고 생각되는 사람에게 직접 말을 걸었어요.

Q : 일과 육아를 병행하면서 어려웠던 점은 없었나요?

A : 가족이 먹는 도시락은 제대로 만들려고 노력하고 있어요. 영양 밸런스는 물론, 시판 냉동식품 같은 건 쓰지 않고 직접 만들려고 해요. 그게 「매일의 도시락 도감」으로 출간되기도 했어요.

Q : 일과 아이의 행사가 겹치면 어떻게 하세요?

A : 아이가 야구를 해서, 참가해야 할 때는 아이 아빠에게 부탁했어요. 학부모 참관일에는 일이 겹치지 않는 경우에만 아빠나 제가 갔어요. 일과 육아의 양립에는 가족의 협력이 반드시 필요해요.

Q : 집에 있을 때는 주로 뭘 하세요?

A : 냉장고에 있는 재료를 모두 쓰기 위한 요리법을 생각하거나, 간단한 반찬들을 만들어요. 매일 아침, 저녁 준비도 빠트릴 수 없지요.

Q : 앞으로 하고 싶은 것은?

A : 내가 해야만 하는 일에 흔들림이 없다면 무엇이라도 하고 싶어요. 특별한 요리가 아닌, 몸을 만드는 일상적인 식사의 소중함을 한 사람이라도 더 많은 사람들에게 전하고 싶어요.

모리 가오루

교토부 출신. 아동복 디자이너, 잡화점 경영 후 결혼. 오야마 자키로 이주. 2003년에 오야마자키역 근처에서 생활잡화와 생활 교실 「Relish」를 시작. 기업과의 협력 상품 개발, 지자체 주최 가족요리교실 강사. 저서에『즐거운 식탁, 작은 동네교실 Relish의 밥 요리법』과『친절한 국물교실』등이 있음.

「Relish」
Tel 075-953-1292
www.relish-style.com

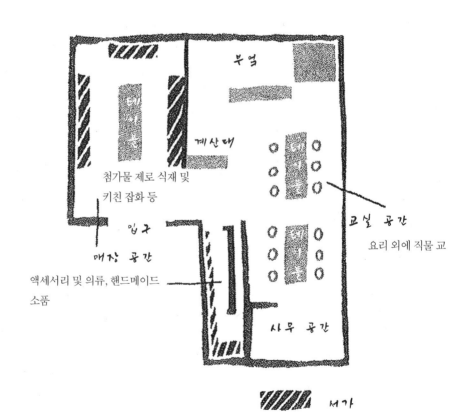

[부록] 가장 걱정되는 돈과 여러 절차들

잡화점을 경영한다는 것은 잡화를 판매해서 생활비를 번다는 뜻이다. 돈에 대한 계획은 확실히 해야 한다. 잡화점 경영은 큰 설비투자를 하지 않아도 바로 시작할 수 있는 업종이지만, 법적으로 어떤 절차를 밟아야 하는지 관련 기관을 통해 반드시 확인해야 한다.

또, 잡화점에서 일해 본 경험이 있다면 좋겠지만 필수적인 것은 아니다. 잡화점 경험보다 중요한 것은 일에 대한 책임감을 가지고 진심으로 임하는 것이다. 전에 어떤 직업을 가지고 있었느냐가 아닌, 어떤 자세로 일에 임하는가가 중요하다. 자신이 경험한 것은 분명히 앞으로의 일에 도움이 되므로 매장을 열기로 결심한 때부터 자금을 모으는 등 할 수 있는 것부터 준비를 시작해야 한다.

개업자금에 대해

임대할 곳의 보증금이나 인테리어 내용에 따라서 필요한 금액은 달라진다. 보증금이나 개점하기까지의 비용 등 취득 관련 비용뿐만 아니라 구입할 상품의 단가가 비쌀 경우 구입 금액도 커지므로 자금 융통이 곤란해지지 않도록 충분한 운전자금을 준비해두는 것이 좋다. 내 경우에는 모두 내가 모았던 자금으로 충당했다. 만일 자금이 충분치 않다면 대출을 받거나 자치단체나 금융기관 등의 보조금을 신청할 수 있는지 알아보는 것도 좋다.

오야츠 잡화점의 경우

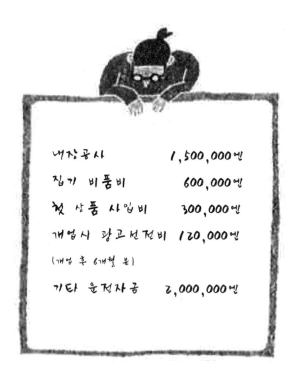

내장공사	1,500,000엔
집기 비품비	600,000엔
첫 상품 사입비	300,000엔
개업시 광고선전비	120,000엔
(개영 후 6개월 분)	
기타 운전자금	2,000,000엔

대출 받기

 운용자금이 부족한 경우, 비교적 대출금리가 저렴한 일본정책금융공고의 국민생활사업을 통해 대출을 받는 것이 현실적이다. 매장을 열고 싶은 사람이나 개업한지 얼마 되지 않은 사람을 위한 「신규개업 자금대출제도」가 있다. 대출금리는 자금 사용처나 환급기간에 따라 다르다. 물론 심사를 통과해야 하고 대출받게 되면 이자가 붙는다.

보조금, 조성금 받기

보조금과 조성금은 일정 조건을 갖출 경우 국가나 지자체가 지원해 주는 제도이다. 단, 심사절차가 있기 때문에 신청한다고 다 되는 것은 아니다. 대출과 달리 갚을 필요는 없다. 단지 서류 작성 등의 절차가 복잡하므로 중소기업 지원기관, 상공회의소나 경험자에게 상담을 받아보는 것이 좋다. 보조금이나 조성금을 받게 되면 자금을 어떻게 사용하고 어떤 결과를 얻을 수 있었는지에 대해 실적보고서를 제출해야 하며, 사용한 금액에 대한 세무처리에도 주의해야 한다.

오야츠잡화점의 경우, 개업한 후에 시에서 모집하는 「스텝업 사업 보조금」을 여러 번 활용했다. 처음엔 한도금액이 10만 엔이어서, 사용했던 경비 몇 십만 엔 중에서 10만 엔만 보조를 받았다. 두 번째에는 전체 금액의 2/3를 지원받을 수 있었고 한도액은 20만 엔이었다. 모두 전단지 제작 등의 경비 일부로 사용했다.

확인사항

• 지역: 행정구역에 따라 어느 지역의 기관을 알아볼 것인가 확인할 것.

• 지원대상: 지원대상은 누구인지, 자신은 해당되는지 여부를 확인할 것. 여성창업, 신규창업, 경영혁신, 지역한정 등의 조건을 확인.

사업자용 은행계좌 만들기

개인 돈과 사업자금을 구분해서 개인 계좌와는 별개로 사업자용 계좌를 만들었다. 계좌 명의를 상호로 할 수 있는 곳, 본명이나 사업자명으로만 할 수 있는 곳 등 여러 가지가 있다. 매장이나 집에서 가까운 은행에서 계좌를 개설해두면 입금 및 환전 등 은행 업무가 간편해진다.

오야츠잡화점은 매출 전용계좌 외에도 우체국계좌나 인터넷뱅킹이 가능한 계좌 등, 월 3~5회 정도의 송금 수수료 무료 서비스를 받기 위해 다양한 계좌를 개설해서 사용하고 있다.

개업에 필요한 서류의 제출

개인사업자의 개/폐업등에 대한 신고서는 거주하고 있는 지역의 세무서에서, 개업신고서(자치단체에 따라 서류명이 다를 수 있음)는 매장이 있는 지역의 세무서에서 온라인으로 신청이 가능하다. 모두 주소 등을 기입하면 되는 간단한 절차다.

- 개인사업자의 개/폐업등 신고서 : 세무서
- 개업신청서 : 매장이 속한 지역의 세무서 일본의 경우 세무서는 국세를 담당하는 국가기관, 세사무소는 지방세를 담당하는 지역기관이다.

중고품 판매허가 취득

앤티크나 중고책 등 한번 사용되거나 구매 후 사용하지 않은 상품을 취급하고자 할 경우에는 경찰서에 중고물품허가신청서를 제출해야 한다.

나의 경우에는 개인사업자라서 허가를 받기까지 15일 정도 걸렸지만 한달 이상 걸리는 경우도 있다. 법인의 경우는 2개월 정도 걸리기도 하니 가까운 경찰서를 통해 여유 있게 필요한 서류나 수수료 등을 확인하는 것이 좋다.

서류 제출은 개업할 매장이 속한 지역에 제출해야 하므로 만일 매장을 이전하거나 하는 등 지역에 변경이 있을 때에는 해당 지역 경찰서에 다시 제출해야 한다. 나는 허가를 받은 후 영업장소 확인 차 경찰관이 방문했었다.

기타 서류에 관하여

다음 서류들은 세무서에 제출하는 것으로 세무사의 상담을 받는 것이 좋다.

• 청색신고 승인신청서 : 세무서(백색신고의 경우 불필요)

• 청색사업 전업종사자 급여에 관한 신고서(동거 중인 가족에게 지급한 급여를 경비처리 할 수 있다.)

• 급여지불사업소등의 개설신고서 : 종업원에게 급여를 지불할 경우 제출

• 원천소득세 납기 특례에 관한 신청서 : 종업원에게 지급하는 급여는 원천징수를 통해 매달 소득세를 납부하는 것이 원칙이지만, 종업원이 10인 이하인 소규모 사업장의 경우 이 서류를 제출하면 반 년치를 한번에 납부할 수 있다.

종합소득세

개인사업자는 반드시 매년 5월 중순에 전년도에 자신이 지불해야 할 세금을 계산하여 서류를 제출해야 한다. 이를 확정신고라 한다. 확정신고에는 청색신고와 백색신고의 두 종류가 있다. 나는 개업할 때부터 계속 청색신고로 하고 있다. 청색신고는 결산서를 작성할 필요가 있지만, 65만 엔까지 공제를 받을 수 있다는 장점이 있다. 65만 엔은 큰돈이다.

또, 청색신고의 경우 만약 적자인 상태에서 손실신고를 해두면 그해의 손실은 최대 3년까지 보상받을 수 있다. 예를 들어 2017년 40만 엔의 적자를 봤다고 하면, 다음 해에 100만 엔의 흑자가 났을 경우 흑자 100만 엔에서 전년도의 적자 40만 엔을 뺀 60만 엔의 이익에 대해서만 신고하면 되기 때문에 그만큼 세금도 절약할 수 있는 기분 좋은 혜택이다.

내 경우에는 「할 수 있다! 청색신고」라는 프로그램을 이용해 결산서를 만들고 인쇄해서 마지막 입력은 세무서에 비치된 컴퓨터에서 했다. 1년간 지불한 건강보험, 생명보험이나 국민연금 등의 금액을 입력하면 세금을 계산해주고, 그 다음에 전송 버튼을 누르면 신청완료.

부가가치세

부가가치세의 납세에 관한 규칙 등은 초심자에게 아주 복잡하게 느껴진다. 납세액은 10%로 비교적 큰 금액이므로 어떤 상품을 취급하는 매장으로 할 지, 첫 해의 매출목표액 등을 생각하여 세무서에서 계산 방법 등을 확인한 후 영업을 시작하는 것이 좋다. 원칙적으로 연간

과세매출액이 1천만 엔을 넘은 해의 2년 후에는 과세사업자가 된다.

매출액에 대한 소비세는 손님에게서 미리 받은 돈이다. 과세사업자가 되면 아무리 이익이 거의 없다고 해도 개인사업자의 경우 6월 31일과 12월 31일의 납부기한까지 납부해야 한다.

상품구매

상품을 제조사나 도매상에서 구입하는 경우, 거래처에 따라 상품대금의 지급 방법과 도매가가 모두 다르다.

마음에 드는 제조사가 있다면 거래조건을 확인하고 서로의 조건이 맞으면 거래를 시작한다. 제조사에 따라서 이미 거래를 하는 매장이 근처에 있다면 상도덕상 거래를 거절당할 수도 있으므로 확인할 것.

구매의 종류

• 상품 매입 구입 : 제조사나 도매상을 통해 구입하는 경우는 대부분 매입이 된다. 해외를 통한 구입의 경우도 동일하다.

• 위탁 구입 : 오야츠잡화점의 경우, 제작자 개인의 수제품 대부분은 위탁판매를 하고 있다. 상품을 납품 받은 후, 팔린 경우에만 매출에서 미리 정해진 %의 위탁판매 수수료를 받는 형식이다. 판매되지 않은 상품은 반품한다. 또한, 매장에는 관리책임이 있어 파손되거나 도난된 경우에는 매장 측의 부담이 되는 경우가 많다.

제조사 상품의 경우에도 처음에는 위탁판매로 시작할 수 있는 경우도 있고, 매입한 상품의 재고가 남는 경우 다른 상품으로 교환할 수 있는 경우도 있다. 조건은 거래해 온 기간이나 금액에 따라 달라지기도 한다.

확인 사항

- 구매의 종류는 매입 또는 위탁 가능 여부
- 첫 구매시, 금액의 상한선은 있는지. 1만 엔 이상, 3만 엔 이상, 10만 엔 이상 등.
- 도매금액은 얼마인가.
- 상품 구매의 배송료는 어느 쪽에서 부담하는지, 구매 금액에 따라 배송료가 무료인지
- 제조사가 원하는 판매가가 있는지 아니면 자율적으로 정할 수 있는지

수제품의 구입

합의된 거래조건은 반드시 문서화해서 가지고 있도록 한다.

판매수수료는 매장에 따라 20~60%정도로 상이하다. 오야츠잡화점의 경우, 해당 시기의 이벤트 내용이나 실적에 따라 제작자 개개인의 거래 수수료가 다르다. 개점 직후에는 매장의 지명도가 낮았기 때문에 제작자 측에 유리한 조건으로 위탁판매를 했지만 경영 후 몇 년의 시간이 흐르고 신뢰도를 높인 후에는 조건을 변경하기도 했다.

확인 사항

- 배송료 : 상품의 납품과 반품의 배송료는 어느 쪽에서 부담할지, 팔리지 않은 상품을 반품할 때의 금액도 거래처가 많으면 금액이 커

지는 경비이므로 주의할 것.

• 판매보고 : 판매된 상품에 대해 어떤 형태로 언제 연락할 것인가.

• 지불 : 언제, 어떤 식으로 지불할 것인가.

• 송금수수료 : 어느 쪽에서 부담할 것인가. 오야츠잡화점은 매출이 많지 않은 제작가의 경우에는 6개월분을 모아서 송금하고 있다.

• 도난, 매장 내 파손 : 어느 쪽에서 부담할 것인가. 오야츠잡화점의 경우 매장 내에서 도난, 파손된 경우에는 매장이 부담하고 납품 배송 과정에서의 파손은 제작자 측에서 부담하는 방식을 채택하고 있다.

구입 시 발생하는 최소주문 수량

최소주문 수량은 한번의 발주에 반드시 주문해야 하는 상품 개수의 단위이다. 예를 들어 슈퍼에서 파는 달걀은 낱개가 아닌 10개 들이가 최소로 판매되는 숫자인 것과 같다. 오늘 요리에 달걀이 2개만 필요해도 10개 들이 팩으로 판매되면 10개를 사야만 한다. 도매상에서는 낱개로 판매하는 경우도 있으니 최소주문 수량은 상품마다, 구매처마다 꼭 확인하도록 한다.

지급일 지정

외상매입금, 외상매출금, 마감일, 지급일 등은 낯선 용어들이지만 거래 시에는 반드시 사용되는 용어이다.

구입한 상품의 대금을 바로 현금으로 지불하는 경우에는 해당되지 않지만, 일반적으로는 구입하고 싶은 상품 → 팩스 혹은 메일 등으로 발주 → 대금 지급… 과 같은 흐름으로 진행되므로 발주 혹은 상품 도착 후에 대금을 지급하기까지 시간공백이 생긴다. 그것을 외상매입금이라고 한다.

발주 시에 지급일을 정해서 거래처에 언제 지급할 것인지 약속한다. 혹은 거래처 측에서 희망 지급일을 요청하는 경우도 있다. 대부분은 20일 마감일 혹은 월말 마감일이며, 잡화업계나 운송회사에서는 마감일로부터 1개월 후의 지불이 많다. 개인사업자의 경우 월말 마감으로 해두는 것이 연말결산 등의 절차에서 더 편리하다.

매장에서의 외상매출금 대부분은 손님이 신용카드로 구매한 경우 발생한다. 매장에서 상품을 전달한 시점에 매출은 발생하지만 현금이 바로 들어오는 것은 아니다. 신용카드 회사에서 내 은행 계좌에 입금해주는 것은 약 7일 후이다. 그간의 매출을 외상매출금이라 한다.

일상적인 경리업무

경리담당을 고용할 것인지, 결산 때에만 세무사에게 부탁할 것인지, 매월 기장 대행업체에 의뢰할 것인지, 아니면 모든 것을 스스로 할 것인지 정해야 한다. 여러 명의 종업원이 일하는 경우에는 종업원의 원천징수 업무로 경리 일이 바빠지므로 전임 종업원에게 맡기는 것을 추천한다. 경리 업무를 감당하기 어렵다면 지역의 세무사회를 통해 세무사를 소개받는 방법도 있다.

어느 쪽이든 돈이 들어오고 나가는 것을 파악하기 위해서 경리업무에 대해 공부할 필요가 있다. 세무사에게 의뢰한다고 해도 매일 사용하는 영수증 등의 전표정리는 스스로 하는 것이 좋다. 사용 후 받은 영수증은 노트 등에 날짜 순서대로 붙여두면 나중에 다시 볼 때 편하다. 나의 경우 아무리 바빠도 영수증이 지갑에 몇 장 이상 쌓이면 바로 정리하도록 하고 있다. 경리업무 관련 서류는 5~7년간의 보관의무가 있으므로 반드시 보관해야 한다.

기장업무 배우기

내가 개업한 때에는 청색신고를 시작하는 사람들을 대상으로 한 1:1 기장지도 서비스를 무료로 받아볼 수 있었다. 세무사로부터 2년에 걸쳐 기본적인 계정과목의 분류나 감가상각 방법, 자신의 개인 카드 등으로 업무용 비용을 지불한 경우의 처리 방법, 파손된 상품의 회계 처리 등에 대해 배웠다. 현재는 조금 시스템이 바뀐 부분도 있지만 무료로 교육을 받을 수 있기 때문에 회계 지식이 충분하지 못한 분들에게 추천한다.

기장이란 계정과목의 분류 및 돈의 용도에 대한 규칙을 바탕으로 분류하는 작업이다. 예를 들어 우표를 구매한 경우 상품 발송을 위한 운임인지 아니면 우편물 발송을 위한 통신비인지 하는 것 등이다. 첫 해에는 한달에 한번 있는 1:1 지도 교육을 받는 날에 대비해 모르는 것들을 미리 적어두고 확인하는 작업을 통해 조금씩 경리 업무를 처리할 수 있게 되었다.

감가상각

컴퓨터나 에어컨 등 10만 엔 이상의 물건을 장기간에 걸쳐 사용하는 경우에는 구매한 해에 전액을 경비처리 하지 않는다. 개인사업자의 경우에는 구매액을 사용연수로 나누어 1년에 일정 금액을 경비로 계산한다. 예를 들어 컴퓨터의 경우 사용연수가 4년으로 정해져 있어 구매금액을 4로 나누어 계산한다. 구매한 물건에 따라 사용연수가 달라서 감가상각 시마다 세무사에게 전화해서 확인하고 있다.

개인사업자나 중소기업은 「소액감가상각자산의 특례」가 2018년 3월까지 적용된다. 이것은 청색신고자에게만 해당되는 내용으로 30만 엔 미만의 물건은 한번에 경비처리 해도 된다는 기간한정의 특례이다. 이런 식으로 법률이 매년 달라지기도 하므로 국세청 홈페이지 등에서 주기적으로 확인할 필요가 있다.

신용카드에 대하여

신용카드 결제는 전용 단말기를 사용하는 방법 외에도, 매장에 단말기가 없는 경우 스마트폰이나 타블렛 PC 등을 통해 결제가 가능하다.

신용카드의 장점은 현금을 소지하지 않은 손님이 원하는 상품을 살 수 있다는 것이다. 단점은 수수료가 발생한다는 점과 매출과 입금 시점이 상이하므로 경리업무 시 기장 등이 번거롭다는 점이다.

단말기는 각각의 신용카드 회사에 직접 문의하거나 결제대행 회사를 통한 구매도 가능하다. 대행회사는 신용카드 회사와 매장의 중간 업자로 결제서비스를 대행해주는 업체이다. 신용카드 회사에 직접 신청하면 심사나 계약까지 시간이 걸리는데다 카드 회사마다 신청서를 별도로 준비해야 한다. 대행회사를 통하면 다수의 신용카드 회사에 한번에 신청해 주기 때문에 간편하게 단말기를 구매할 수 있다. 단, 매월 수수료가 발생하는 일도 있으므로 단말기 구입시의 초기 발생비용이나 카드의 종류, 수수료 등을 비교 검토할 필요가 있다.

영수증 작성법

계산대 종류에 따라 영수증이 자동으로 발행되는 것도 있지만, 오
야츠잡화점은 손님이 영수증을 요구하면 직접 손으로 적어 발행한
다. 영수증에는 일련번호를 기재하고, 금액 앞에는 통화마크(￥)를
넣고, 금액 뒤에는 '－'를 써넣어 금액을 수정할 수 없도록 하는 규
칙이 있다.

또, 영수증 금액이 5만 엔 이상인 경우에는 인지를 붙여야 한다. 서
류를 만드는 사람이 붙이고 되어 있으므로 200엔짜리 수입 인지는 늘
준비하도록 한다.

① 고객체(이름)
② 금액
③ 상품명 및 제작자명
④ 날짜
⑤ 오 비세
⑥ 자신의 이름, 주소,
　　전화번호
⑦ 도장

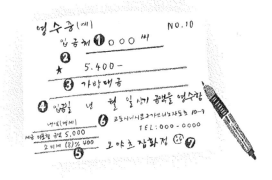

매출

매월 필요한 생활비는 얼마나 될까? 경영을 지속하려면 어느 정도의 돈이 필요할까?

자영업은 스스로 건강보험료나 국민연금을 납부해야 하고, 소득세는 공제방식이 아닌 신고납부 방식이다.

당연한 얘기지만 매출이 그대로 내 급여가 되는 것이 아니다. 회사원의 경우는 급여가 수입이 되지만 장사를 하면 들어온 돈은 모두 수입이 된다.

1년간의 매출 – (초기의 재고상품 + 구입금액 - 기말의 재고상품) – 경비 =1년 이익

이 이익이 1월부터 12월까지의 급여인 셈이다. 경영은 연간 기준이지만 매월의 수익을 파악하는 것도 필요하다.

매월 영업 가능한 실제 일수는 며칠인지, 휴일이 4일 포함된다면 26일로 가정할 수 있다. 만약 하루 평균 매상이 5만 엔이고 사입원가가 60%, 경비가 15만 엔이라고 한다면

한달 매출 : 5만 엔 x 26일=130만 엔

한달 이익 : 130만 엔 - 구입금액(한달 매출의 60%) - 경비 15만 엔=37만 엔

하루에 5만 엔의 매출을 올리려면 몇 명의 손님이 구매를 하면 되는지, 한 사람당 1천 엔의 방문객 1명당 단가인 매장이라면 50명, 2천 엔이라면 반인 25명. 어디까지나 평균이므로 5백 엔 만 쓰는 사람이 있는가 하면 5천 엔을 쓰는 손님도 있다. 이런 소비금액까지 생각해서

상품을 구성해야 한다.

오야츠잡화점에서는 대부분의 매출이 이벤트 첫날부터 3일간 집중되고 그 후에는 방문 손님이 줄어들기 때문에 일 매출은 차이가 나는 편이다.

이익이 중요

매출도 중요하지만 실제로는 마지막에 남는, 자신의 급여부분 이익이 더 중요하다. 아무리 큰 금액이 오고 가더라도 남는 돈이 얼마 없다면 큰 의미가 없다. 하나의 매장에서 이익을 더 내기 위해서는 다음과 같은 방법들이 있다.

① 방문객을 늘린다.

② 구매고객을 늘린다.

③ 방문객 1명당 단가를 높인다.

④ 이익률을 높인다.

⑤ 경비를 삭감한다.

①과 ⑤의 방법 외에는 한정된 매장 안에 단가가 얼마인 상품을 진열할 지, 그 구성 방법에 따라 매출이 달라진다. 어떤 매장이라도 한 번에 진열 가능한 상품은 어느 정도 정해져 있기 때문이다.

오야츠잡화점의 경우 주택가에 위치해 있어서 좀처럼 방문객 수가 늘지 않았지만, 2년이 지나면서 겨우 흐름이 파악되기 시작해, 처음에는 판매하지 않았던 단가가 비싼 가방 등을 늘리는 등 구성에도 변화를 주었다.

하지만 방문객 늘리는 것을 의식해 재방문을 위한 어필을 하지 않으면 방문객 수는 급속히 떨어진다. 그대로 두면 점점 줄어들 뿐. 내년에는 어떻게 운영할지, 숫자를 바탕으로 계속 고민하지 않으면 안 된다.

경비

매월 소요되는 경비는 매장 운영에 반드시 필요하다. 매장 월세는 물론, 매장 출퇴근에 소요되는 교통비, 전기요금, 광고선전비, 포장용품 등의 소모품비 등등.

경비를 절약하기 위해서는 매달 반드시 나가는 돈까지 세세히 살펴야 한다. 매장 조명을 LED로 바꾼다던가, 에어컨을 전력소비가 적은 것으로 바꾸는 등 무심코 쓰고 있는 전기세에 대한 검토도 필요하다.

오야츠잡화점에서는 첫 오픈 때보다 조명 갯수를 줄이고 사용빈도가 높은 조명을 LED로 바꾸면서 전기요금을 절약했다.

또한, 사용하면서 여러 가지 물건들이 낡게 된다. 간판이나 집기들이 언제 고장 나거나 못쓰게 될지 모르니 관리, 유지비용으로 이익의 일정 부분을 수리비로 적립하고, 화재나 사고에 대비해 업소용 보험에 가입해두면 더욱 좋다.

작은 잡화점을 운영하면서 느낀 점

나 혼자서 할 수 있는 일은 능력이나 시간적으로 한정되기 때문에 지인 등 외부사람들과 의논할 수 있는 방법을 별도로 확보하는 것이 필요하다. 사업주에게는 부분적으로나마 자신을 대신해 일을 수행하면서도 사업주 이상의 업무 결과를 만들어 내는 사람과 만난다는 것은 매우 중요한 일이다.

예를 들어 전단지 디자인의 경우, 전에는 혼자서 만들었지만 요즘은 제작자가 따로 있는 디자이너에게 의뢰하는 경우가 많다. 그 편이 빠르고 결과도 좋다. 그 동안에 나는 나만이 할 수 있는 더 중요한 일을 하는 편이 합리적이다.

지금의 경영에서 부족한 점은 무엇인지 다시 한번 살펴보고, 부족한 부분에 투자를 할 것인지 말 것인지, 투자를 한다면 앞으로 어떤 투자 대비 이익이 생기는지에 대해 생각해본다.

이게 좋겠어! 하고 단번에 납득되는 일은 좀처럼 없고, 매일매일이 공부와 작은 도전의 연속이다.

그리고 돈보다 중요한 것은 자신의 건강관리이다. 몸과 마음이 모두 건강해야만 돈 관리도 할 수 있다. 몸과 마음, 시간과 돈의 균형을 잡는 것이 매장을 계속 운영하기 위한 기반이다.

끝마치며

'책을 쓰고 싶다'는 막연한 생각이 지난 수년 전부터 머릿속 한 구석에 늘 자리 잡고 있었지만,

'오야츠잡화점에 대한 이야기를 쓰자!'라는 생각이 든 것은 오프라인매장을 열고 생활이 안정되기 시작한 2014년경이었다.

쓰고 싶은 마음은 넘쳤지만 좀처럼 시간이 나질 않았다.

쓰고 싶은데 쓰지 못하는 상황이 이런 것인가…

그러던 중에 헬스장 트레이너 선생님이 "1주일에 한번 장시간 운동하는 것보다 매일 5분이라도 몸을 움직이는 편이 건강에 더 좋아요."라고 한 이야기가 생각났다. 글을 쓰기 위해 어느 정도의 넉넉한 시간 확보가 반드시 필요하다고 생각하고 있었지만,

짬짬이 나는 시간을 활용하여 쓸 수 있을지도 모른다는 생각에 매일 조금씩 쓰는 쪽으로 마음먹었다.

아침에 조금 일찍 일어나 다른 어떤 일보다 먼저 한 문장씩이라도 쓰기로 했다. 조금씩 살을 붙인다는 느낌으로

하지만 못 쓰는 날도 당연히 있어서, 죄책감이 들려고 할 때에는 예전에 내가 했던 말을 상기했다.

'그래, 느슨하게 규칙을 세우는 게 중요하지! 죄책감을 가질 시간에 앞으로 나아가야지.'

최근 3년 동안, 문장력이 좋아진 것 같지는 않지만, 집중력은 좋아진 것 같다.

여전히 매장의 매출은 비슷하지만 매년 내가 해야 할 일이 분명해졌다.

책을 쓰면서, 매장과 내 자신을 함께 만들어 온 것 같다.

분명 몸만들기와 마찬가지로 매장도 매일매일의 좋은 습관이 만들어가는 것일지 모른다.

여기에 쓴 것들은 내가 걸어온 길, 매출이 많은 매장도 수도 없이 많고, 수완이 좋은 분들도 있겠지만, 나는 나름의 우선순위를 두고 최선을 다해 왔다.

내가 집필을 최우선시 하지 않았다면, 이 책은 완성되지 못했을 거고, 육아환경을 최우선시 하지 않았다면, 이곳에서도 장사를 하지도 않았을 것이다.

그렇기 때문에 지금 가장 소중히 하고 싶은 것을 먼저 확실히 정하고 영업을 시작하는 것이 좋을 것이다.

책을 만드는 구상단계부터 의견을 나누고, 내 문장 선생님이 되어준 친구이며 편집자인 미야시타 씨에게 진심으로 감사드린다. 솔직한 의견을 가감 없이 말해주는 것도 오랜 시간의 지인이기 때문에 가능했다. 이런 친구를 둔 나는 정말 행복한 사람이다.

험난한 여정이 될 부탁을 흔쾌히 들어준 이시다 씨는 방대한 양의 일러스트 의뢰를 하면서도

"추가 요청이 너무 많아서 죄송해요." 라고 얘기하면

"아니에요~ 완성이 너무 기대돼요." 하고 멋진 그림을 계속해서 그려 주셨다.

"마감 직전까지도 문장을 수정할 수 있으니 좋은 문장을 써주세요." 라고 말해준 출판사 디자이너 나야 씨.

바쁜 와중에 매장의 상황을 살피러 와주시고, 쓰는 속도가 느린 나

를 위해 일정을 조정해준 출판사 편집담당 가와이 씨.

물론, 내 원고를 "재밌어요!" 하고 말해준 니시니혼출판사의 우치야마 씨의 격려가 없었다면 쓸 수 없었을 것이다. 신뢰할 수 있는 사람과 일을 하는 것은 다른 무엇과도 바꿀 수 없는 소중한 경험이었다.

책의 출판을 나 혼자 할 수 없듯이, 매장도 혼자서는 할 수 없다.

가족의 응원부터, 수제품 제작자님, 손님들, 이웃 매장들, 트위터에서 리트윗 해주시는 분들이나 페이스북에서 좋아요를 눌러주는 분들… 정말 많은 사람들의 도움을 받았다.

우리는 서로 연결되어 있고 공감하면서 살아가고 있다.

매장을 운영하게 되면서 그것을 매일매일 실감할 수 있어 정말 기쁘다.

도노이케 미키

오야츠 잡화점

초판 1쇄 발행일 2019년 2월 14일

지은이 도노이케 미키
옮긴이 이음연구소
펴낸이 박영희
편집 윤석전
디자인 원채현
마케팅 김유미
인쇄·제본 AP프린팅
펴낸곳 도서출판 어문학사
　　　　서울특별시 도봉구 해등로 357 나너울카운티 1층
　　　　대표전화: 02-998-0094 / 편집부1: 02-998-2267, 편집부2: 02-998-2269
　　　　홈페이지: www.amhbook.com
　　　　트위터: @with_amhbook
　　　　페이스북: https://www.facebook.com/amhbook
　　　　블로그: 네이버 http://blog.naver.com/amhbook
　　　　　　　　다음 http://blog.daum.net/amhbook
　　　　e-mail: am@amhbook.com
　　　　등록: 2004년 7월 26일 제2009-2호

ISBN 978-89-6184-494-9 03320

정가 14,000원

이 도서의 국립중앙도서관 출판예정도서목록(CIP)은 서지정보유통지원시스템 홈페이지(http://seoji.nl.go.kr)
와 국가자료공동목록시스템(http://www.nl.go.kr/kolisnet)에서 이용하실 수 있습니다.
(CIP제어번호: CIP2019002680)

※잘못 만들어진 책은 교환해 드립니다.